Step 03

파이널 실전모의고사

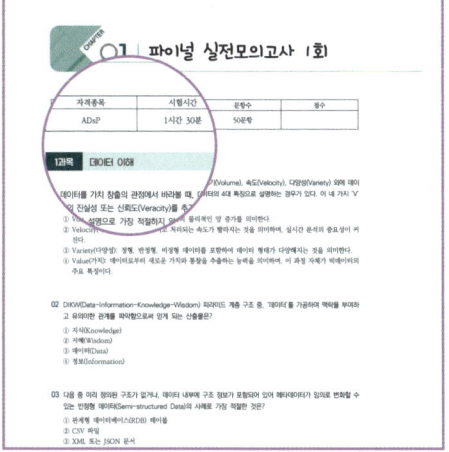

실제 시험과 비슷한 모의고사 풀이를 통해 실전 감각을 익힐 수 있습니다.

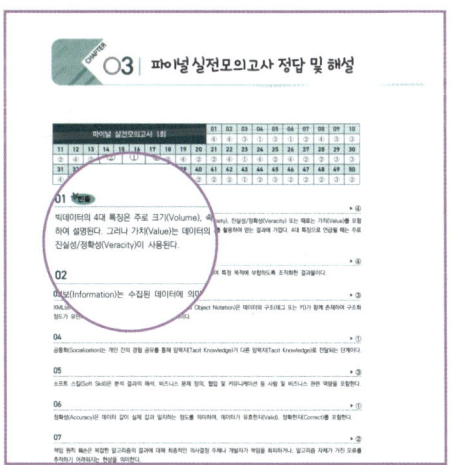

누구나 이해할 수 있도록 쉬운 해설로 구성했습니다.

Step 04

최빈출 실전 50제

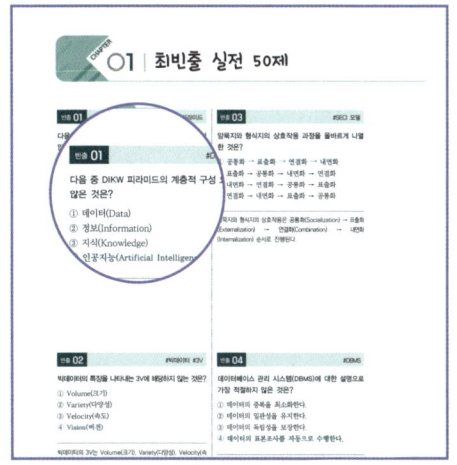

출제 빈도가 높은 50문제를 통해 최근 출제 경향을 완벽히 정리할 수 있습니다.

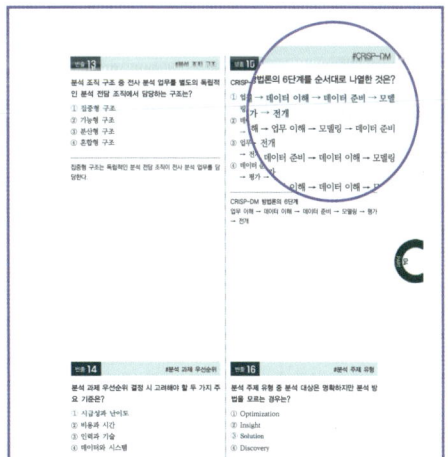

핵심 키워드를 통해 문제의 의도와 내용을 빠르게 파악할 수 있습니다.

시험안내

01 데이터분석 준전문가(ADsP)란?

데이터 이해를 바탕으로 데이터분석 기획 및 데이터분석 등의 직무를 수행하는 실무자를 말합니다.

02 데이터분석 준전문가(ADsP)의 직무

직무	세부내용
데이터 기획	분석 기회 발굴, 분석 목표 정의, 분석 대상 도출 및 분석 결과 활용 시나리오 정의 등을 통해 분석 과제를 체계화 및 구체화합니다.
데이터분석	분석 과제에 대해 구체적 요구사항 정의, 과정 설계, 모델링, 검증 및 테스트, 적용 등을 수행합니다.

03 응시자격 및 합격기준

응시자격	제한 없음
합격기준	총점 60점 이상(과목별 40% 미만 취득 시, 과락)

04 출제문항 및 배점

과목명	문항수	배점	검정시험시간
데이터 이해	10문항	100(각 2점)	90분 (1시간 30분)
데이터분석 기획	10문항		
데이터분석	30문항		
합계	50문항	100	

05 과목 및 내용

구분		내용
데이터 이해	데이터의 이해	데이터와 정보, 데이터베이스의 정의와 특징, 데이터베이스 활용
	데이터의 가치와 미래	빅데이터의 이해, 빅데이터의 가치와 영향, 비즈니스 모델, 위기 요인과 통제 방안, 미래의 빅데이터
	가치 창조를 위한 데이터 사이언스와 전략 인사이트	빅데이터분석과 전략 인사이트, 전략 인사이트 도출을 위한 필요 역량, 빅데이터 그리고 데이터 사이언스의 미래
데이터분석 기획	데이터분석 기획의 이해	분석 기획 방향성 도출, 분석 방법론, 분석 과제 발굴, 분석 프로젝트 관리 방안
	분석 마스터 플랜	마스터 플랜 수립, 분석 거버넌스 체계 수립
데이터분석	R기초와 데이터 마트	R기초, 데이터 마트, 결측값 처리와 이상값 검색
	통계분석	통계학 개론, 기초 통계분석, 다변량 분석, 시계열 예측
	정형 데이터 마이닝	데이터 마이닝 개요, 분류분석, 군집분석, 연관분석

06 2026년도 시험 일정

회차	원서접수	시험일	합격지 발표
제48회	1.5 ~ 1.9	2.7(토)	3.6
제49회	4.13 ~ 4.17	5.17(일)	6.5
제50회	7.6 ~ 7.10	8.8(토)	8.28
제51회	9.28 ~ 10.2	10.31(토)	11.20

이 책의 차례

FAQ

Q 데이터분석 준전문가(ADsP)는 어떤 사람에게 도움이 되나요?

A 데이터를 기반으로 한 의사결정이 보편화되면서 데이터 분석 능력을 갖춘 구직자를 우대하는 기업이 늘어나고 있습니다. 일부 공기업 채용에서는 직무와 관계없이 데이터분석 준전문가(ADsP) 자격증을 보유한 지원자에게 가산점을 부여하기도 합니다. 따라서 데이터분석 준전문가(ADsP)는 데이터 분석 직무를 희망하는 지원자 뿐만 아니라 비IT직군의 취업 경쟁력 강화에도 큰 도움이 될 것입니다.

Q 데이터분석 준전문가(ADsP)의 난이도는 어느 정도인가요?

A 본 교재를 통해 시험에 나오는 필수 개념과 실전 감각을 익힐 수 있는 문제 풀이를 반복한다면 비전공자도 충분히 합격할 수 있습니다.

Q 데이터분석 준전문가(ADsP)는 시험 종료 후, 미리 결과를 알 수 있나요?

A 네. 보통 합격자 발표 1주일 전에 사전점수가 공개됩니다. 자세한 날짜는 데이터자격시험(https://www.dataq.or.kr) 홈페이지에서 확인할 수 있습니다.

Q 데이터분석 준전문가(ADsP)의 유효기간은 어떻게 되나요?

A 영구입니다.

빅데이터는 이제 단순한 기록이 아니라, 사회의 흐름을 읽고 산업을 움직이며 개인의 선택까지 바꾸는 의사결정의 언어입니다. 그만큼 빅데이터를 이해하고 분석하는 역량은 특정 전문가만의 기술이 아니라, 모든 비즈니스와 공공 영역, 그리고 개인에게까지 요구되는 기본 소양이 되었습니다.

그러나 많은 학습자는 여전히 데이터 분석을 "어렵고 복잡한 기술", "수학과 통계를 잘하는 사람만의 영역"으로 느끼며 시작부터 심리적인 장벽을 느낍니다. ADsP 시험을 준비하는 과정에서도 개념은 이해했지만 문제에 적용하기 어렵고, 암기 위주의 학습으로는 실제 데이터 흐름과 의미를 연결하기 힘들다는 고민을 많이 접해 왔습니다.

이 책은 바로 그 지점에서 출발하였습니다.
이론은 쉽게, 구조는 명확하게, 문제는 실전처럼. 단순히 정답을 맞히기 위한 문제가 아니라 "왜 이 개념이 필요한지", "현업에서는 어떻게 쓰이는지", "문제는 어떤 사고 과정을 요구하는지"를 함께 이해할 수 있도록 구성하고자 노력했습니다.

또한 기출 문제를 단순히 나열하지 않고 개념-논리-문제 유형의 구조로 재구성하였으며 암기보다는 이해 기반 학습이 가능하도록 설명을 보완하고 실무 관점에서 데이터가 어떻게 활용되는지 사례 중심으로 연결하였습니다.

이를 통해 수험생은 시험 합격이라는 목표를 넘어서, 데이터를 바라보는 사고방식 자체를 체계적으로 익히고 향후 실무와 학습에서 계속 활용할 수 있는 기반을 마련할 수 있을 것입니다.

데이터는 숫자가 아니라 현실의 흔적이며, 분석은 계산이 아니라 의미를 읽는 과정입니다.
이 책이 여러분에게 단순한 수험서가 아니라, 데이터를 이해하는 하나의 관점이자 생각의 틀이 되기를 바랍니다.

여러분의 도전을 진심으로 응원하며, 그 여정에 작은 도움이 되었으면 좋겠습니다.

감사합니다.

육근수
강사와사람들 대표

구성과 특징

Step 01

합격비법 핵심이론

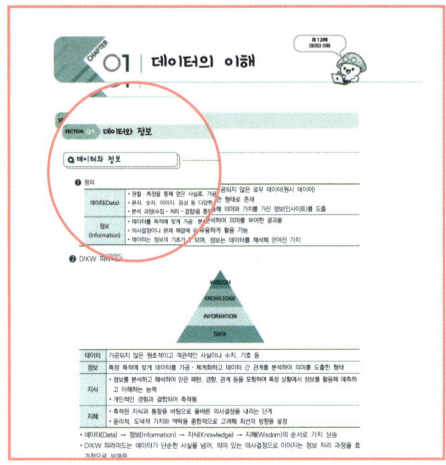

최근 시험에 자주 출제되는 핵심 개념만 정리했습니다.

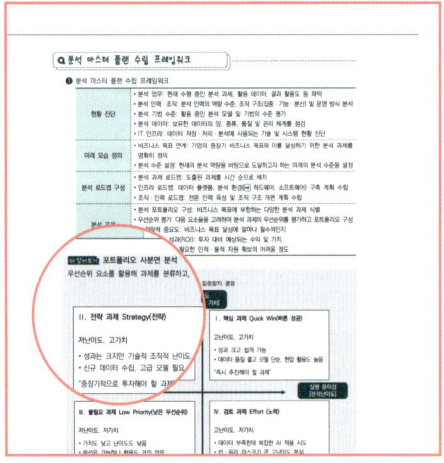

더 알아보기와 풍부한 그림을 통해 쉽게 내용을 익힐 수 있습니다.

Step 02

최신 기출복원 모의고사

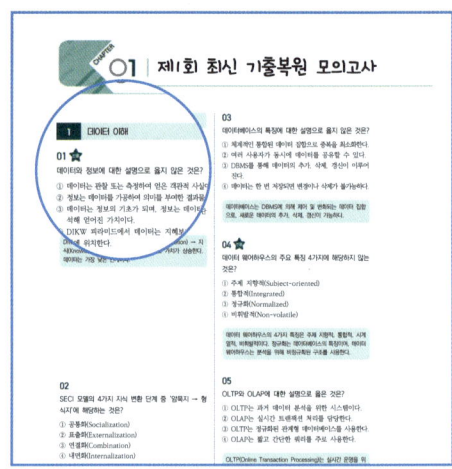

다양한 유형의 기출복원 모의고사를 수록하여 시험 대비를 탄탄하게 할 수 있습니다.

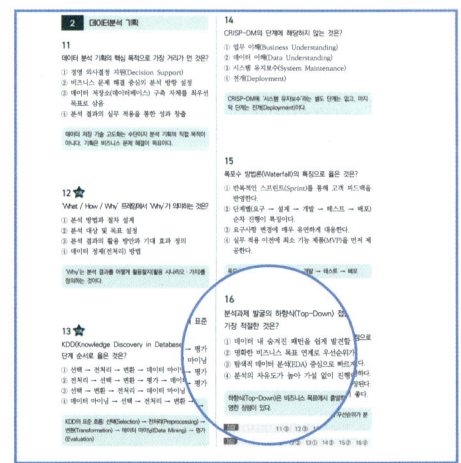

정답과 해설을 한눈에 알아볼 수 있어 빠르게 복습할 수 있습니다.

PART **01**

합격비법 핵심이론

01 | 데이터의 이해

SECTION 01 데이터와 정보

Q 데이터와 정보

❶ 정의

데이터(Data)	• 관찰·측정을 통해 얻은 사실로, 가공되지 않은 로우 데이터(원시 데이터) • 문자, 숫자, 이미지, 음성 등 다양한 형태로 존재 • 분석 과정(수집 – 처리 – 결합)을 통해 의미와 가치를 가진 정보(인사이트)를 도출
정보 (Information)	• 데이터를 목적에 맞게 가공·분석하여 의미를 부여한 결과물 • 의사결정이나 문제 해결에 유용하게 활용 가능 • 데이터는 정보의 기초가 되며, 정보는 데이터를 해석해 얻어진 가치

❷ DIKW 피라미드

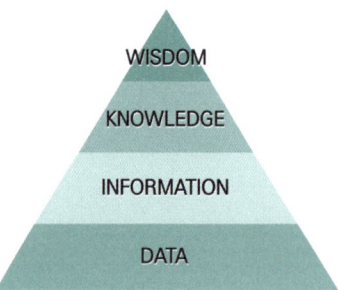

데이터	가공되지 않은 원초적이고 객관적인 사실이나 수치, 기호 등
정보	특정 목적에 맞게 데이터를 가공·체계화하고 데이터 간 관계를 분석하여 의미를 도출한 형태
지식	• 정보를 분석하고 해석하여 얻은 패턴, 경향, 관계 등을 포함하며 특정 상황에서 정보를 활용해 예측하고 이해하는 능력 • 개인적인 경험과 결합되어 축적됨
지혜	• 축적된 지식과 통찰을 바탕으로 올바른 의사결정을 내리는 단계 • 윤리적, 도덕적 가치와 맥락을 종합적으로 고려해 최선의 방향을 설정

• 데이터(Data) → 정보(Information) → 지식(Knowledge) → 지혜(Wisdom)의 순서로 가치 상승
• DIKW 피라미드는 데이터가 단순한 사실을 넘어, 의미 있는 의사결정으로 이어지는 정보 처리 과정을 효과적으로 보여줌
• 특히 빅데이터 분석, 정보 시스템, 지식 관리 등 다양한 분야에서 데이터의 가치를 높이는 전략적 사고를 위한 프레임워크로 활용

🔍 데이터의 유형

❶ 성질에 따른 분류

정성적(Qualitative) 데이터	정량적(Quantitative) 데이터
• 질적 특성을 설명하는 데이터 • 분석하기 위해 수치화하거나 범주로 분류 • 언어, 문자, 이미지, 영상 형태의 비정형 데이터 예 SNS 글, 뉴스 기사 등	• 측정 가능하고 수치로 표현할 수 있는 데이터 • 데이터베이스나 스프레드시트에 테이블 형태로 저장하는 데 적합 • 수치, 도형, 기호 형태의 정형 데이터 예 나이, 몸무게 등

❷ 형태에 따른 분류

정형(Structured) 데이터	• 데이터베이스의 테이블처럼 행과 열로 구성되어 구조화된 데이터 • 정해진 형식(스키마)을 가지고 있으며, 숫자, 날짜, 짧은 텍스트 등이 해당 예 수치, DB
반정형(Semi-structured) 데이터	• 정형 데이터와 비정형 데이터의 중간 형태 • 어느 정도의 구조를 가지지만, 정형 데이터만큼 엄격하지는 않음 예 XML, JSON
비정형(Unstructured) 데이터	• 특정 형식이나 구조가 없는 데이터 • 대량의 텍스트 문서, 이메일, 이미지, 오디오, 비디오 파일 등이 해당 예 텍스트, 음성, 영상

🔍 지식 경영

❶ 정의
- 지식을 중요한 자원으로 인식하고 지식의 창출·저장·공유·전파·적용하는 일련의 비즈니스 프로세스
- 조직 내의 지식과 경험, 노하우 등을 체계적으로 발굴·공유·활용하여 조직 전체의 경쟁력 향상

❷ 주요 요소: 조직 문화 및 리더십, 정보기술(IT) 활용, 지식의 유형(암묵지/형식지) 관리, 지식 시스템 구축 등

❸ 암묵지와 형식지

암묵지: 체화된 지식 (비언어적, 비문자적)	• 개인의 시행착오와 오랜 경험을 통해 습득된 주관적인 지식 • 말이나 글로써 표현하기 어려운 지식으로 공유 어려움
형식지: 문서화된 지식 (학문, 업무관련자료, 생활정보)	• 글, 문서, 매뉴얼 등과 같이 명확하게 표현되고, 형상화된 지식 • 객관적·체계적이며 공유가 쉽고 재생산 가능

❹ SECI 모델(지식창조이론)
- 정의: 조직 내에서 암묵지와 형식지가 상호작용하며 새로운 지식을 창조하는 과정
- SECI 모델의 4가지 지식 변환 단계

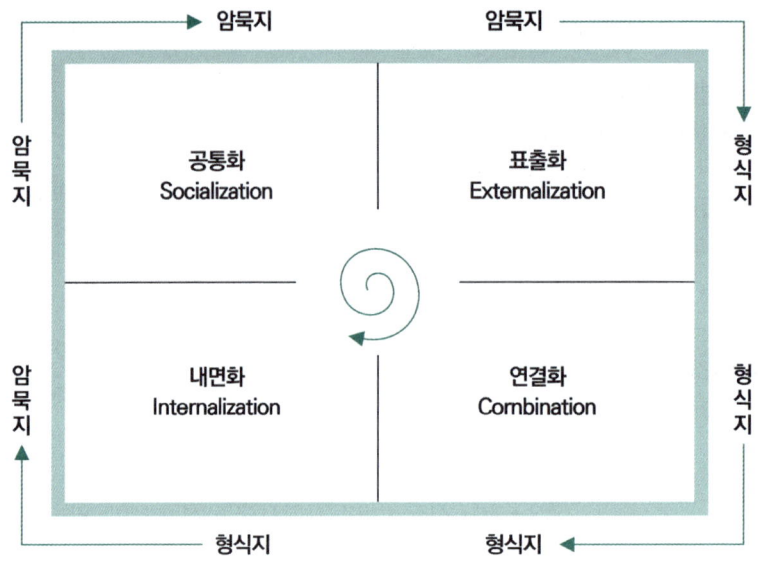

공통화(Socialization) 〈암묵지 → 암묵지〉	개인의 암묵지가 다른 사람에게 직접적인 경험 공유를 통해 전달되는 단계 예 선배 직원의 옆에서 함께 일하며 관찰과 모방을 통해 노하우를 배우거나, 팀원들과의 대화를 통해 업무 감각을 익히는 것
표출화(Externalization) 〈암묵지 → 형식지〉	개인의 암묵지를 언어, 도표, 문서 등 명확한 형태로 표현하여 형식지로 바꾸는 단계 예 숙련된 기술자가 자신의 노하우를 매뉴얼로 작성하거나, 브레인스토밍을 통해 아이디어를 구체적인 콘셉트로 만드는 것
연결화(Combination) 〈형식지 → 형식지〉	다양한 형식지들을 결합하여 더 새롭고 체계적인 형식지를 만들어내는 단계 예 여러 부서의 데이터 보고서를 취합하여 종합적인 전략 기획서를 작성하거나, 기존의 기술 매뉴얼들을 재구성해 새로운 표준 규정을 만드는 것
내면화(Internalization) 〈형식지 → 암묵지〉	조직 내에서 공유된 형식지를 개인이 자신의 암묵지로 만드는 단계 예 직원이 새로 만들어진 업무 매뉴얼을 반복적으로 학습하여 자연스럽게 노하우로 습득하는 것

데이터베이스의 정의와 특징

데이터베이스 정의와 특징

❶ 정의
- 동시에 여러 이용자의 요구에 대응하여 데이터를 체계적으로 저장하고 관리할 수 있도록 설계된 데이터의 집합
- 단어, 숫자, 이미지 등 다양한 유형의 데이터를 포함

❷ 특징

통합된 데이터	데이터는 중복을 최소화하여 논리적이고 효율적인 처리를 위한 구조로 통합·저장되어야 함
저장된 데이터	데이터는 컴퓨터 시스템이 접근할 수 있는 저장매체에 저장되어야 함
공용 데이터	데이터는 여러 사용자가 동시 및 공동으로 이용·공유할 수 있어야 함
변화되는 데이터	데이터의 추가, 삭제, 갱신이 이루어지면서도 항상 현재의 정확한 데이터를 유지하고 작업을 효율적으로 수행할 수 있어야 함

❸ 역할 및 목적

데이터 관리	DBMS를 통해 체계화된 데이터의 접근·저장·관리, 업데이트 등을 효율적으로 수행
데이터 무결성 유지	데이터의 일관성과 정확성을 유지하여 불필요한 중복이나 오류를 방지
효율적인 정보 검색	SQL(Structured Query Language)과 같은 쿼리 언어를 사용하여 원하는 데이터를 빠르고 정확하게 찾음

데이터베이스 활용

데이터베이스 활용

애플리케이션 및 웹 서비스	• 이커머스 웹사이트: 제품 정보, 고객 주문 내역 등 거래 데이터를 관리 • 소셜 미디어 플랫폼: 사용자 데이터, 콘텐츠, 소셜 관계망을 관리하고 추천 시스템을 제공 • 모바일 앱: 사용자 설정, 데이터, 콘텐츠 등을 저장·관리
데이터 분석 및 의사결정 지원	• OLAP 시스템으로 다양한 관점에서 데이터를 분석하여 비즈니스 의사결정에 필요한 정보를 제공 • 수집된 데이터를 저장하고 추후 추가 분석 및 업무 자동화에 활용
고객관리 및 마케팅	• CRM 시스템에서 고객의 내외부 자료를 통합·분석하여 고객 중심의 전략을 수립 • 고객 데이터베이스를 활용한 맞춤형 이메일 마케팅, 추천, 고객 서비스 등을 제공
업무 자동화	• 자동화 프로세스(수집 → 처리 → 공유)의 데이터 흐름 관리 • 누적된 데이터를 기반으로 자동화 범위 및 정확도 개선

Q 데이터 웨어하우스(Data Warehouse, DW)

❶ 정의

• 기업의 다양한 시스템(예 트랜잭션 시스템, 관계형 데이터베이스 등)에서 수집된 데이터를 통합·정제하여 분석 및 보고를 위해 중앙 집중식으로 관리하는 시스템
• 다양한 과거·현재의 데이터를 한 곳에 저장해 BI(Business Intelligence), 데이터 분석, 머신러닝 기반 의사결정을 지원

❷ 장단점

장점	• 정보에 기반한 의사결정을 내릴 수 있음 • 데이터의 일관성 및 품질 향상 • 방대한 과거 데이터 분석 용이 • 운영시스템 부하 감소
단점	• 비구조적 데이터 지원 및 유연성 부족 • 구축 및 관리비용이 높음 • 복잡한 초기 설정

❸ 목적

데이터 통합 및 정제	여러 소스에서 데이터를 추출·변환·통합하여 일관된 형식으로 저장
분석 및 보고	사용자의 의사결정을 지원하기 위해 분석이 용이하도록 설계됨
데이터 기반 의사결정 지원	장기간의 데이터 추세 분석을 통해 전략적 의사결정 지원
중앙 집중식 저장소	조직의 정제된 데이터를 저장·관리하는 핵심적인 중앙 저장소 역할

❹ 주요 특징

주제 지향적 (Subject-oriented)	• 특정 비즈니스 주제(예 판매, 고객) 중심으로 데이터 구성 • 각 주제와 관련된 데이터가 하나의 장소에 통합되어, 사용자가 전체적인 관점에서 비즈니스를 분석할 수 있도록 도움
통합적 (Integrated)	• 여러 운영시스템 및 외부 소스에서 가져온 데이터를 일관된 형식으로 통합 • 데이터가 데이터 웨어하우스로 들어오기 전 정리·변환·통합
시계열적 (Time-variant)	• 시간에 따라 변화하는 데이터를 저장하고 관리 • 과거 데이터는 삭제되지 않고 누적되기 때문에 시간의 흐름에 따른 추세 분석 가능
비휘발적 (Non-volatile)	데이터는 한 번 저장되면 삭제되거나 변경되지 않기 때문에 과거 데이터를 보존하여 일관된 분석 결과를 얻을 수 있음

데이터베이스(Database) vs 데이터 웨어하우스(Data Warehouse)

구분	데이터베이스	데이터웨어하우스
목적	• 실시간 트랜잭션 처리(OLTP) • 일상적인 운영	• 복잡한 분석 및 보고(OLAP) • 비즈니스 인텔리전스
데이터 범위	현재 시점의 운영 데이터	광범위한 데이터(현재 및 과거 데이터 포함)
데이터 소스	단일 운영 시스템	여러 이기종 소스(예 운영 데이터베이스, 외부 데이터)
데이터 구조	데이터 무결성을 위한 정규화된 스키마	빠른 분석 쿼리를 위한 비정규화된 스키마(예 스타, 스노우플레이크 등)
데이터 처리	삽입 · 갱신 · 삭제 등과 같은 작은 단위의 트랜잭션 처리	대규모 데이터 집계 및 복잡한 분석 쿼리 처리
확장성	하드웨어 성능을 높이는 수직적 확장이 일반적	분산 시스템을 활용한 수평적 확장이 일반적
사용자	개발자, 시스템 사용자 등	비즈니스 분석가, 데이터 과학자, 경영진 등
예시	전자상거래 주문 처리, 재고 관리 시스템	판매 추세 분석, 고객 행동 패턴 파악, 경영 성과 보고

Q 데이터 마트(Data Mart)

❶ 정의: 특정 조직이나 팀의 특정 비즈니스 요구사항을 충족하기 위해, 데이터 웨어하우스(Data Warehouse)에서 데이터를 추출하여 생성한 소규모 데이터 저장소

❷ 주요 특징

소규모 · 집중형	데이터 웨어하우스보다 규모가 작고, 특정 부서의 데이터에 집중
데이터 웨어하우스의 하위 집합	데이터 웨어하우스의 일부 데이터를 이용하여 생성
특정 목적	특정 부서 · 주제 · 업무 요구사항에 맞추어 설계
데이터 접근성 향상	사용자들이 필요한 데이터에 신속하게 접근 가능
분석 및 보고 지원	비즈니스 인텔리전스, 보고, 대시보드 등 데이터 분석에 주로 사용

❸ 장점

신속한 인사이트 도출	특정 팀이 필요한 데이터에 빠르게 접근하여 분석 결과를 신속하게 도출 가능
부서별 효율성 증대	각 부서가 자신의 데이터 분석에 집중하여 생산성 향상
일관된 데이터 기반 의사결정	부서 간에 동일한 데이터를 기반으로 의사결정을 내릴 수 있어 일관성 유지 가능

❹ 유형

종속 데이터 마트	기존의 데이터 웨어하우스에 기반하여 생성(전체 데이터 웨어하우스를 활용하는 하향식 접근방법)
독립 데이터 마트	기존 데이터 웨어하우스와 독립적으로 구축(특정 부서 자체 데이터 수집 · 관리)
하이브리드 데이터 마트	데이터 웨어하우스 데이터 + 외부 데이터 결합

더 알아보기 데이터 마트(Data Mart) vs 데이터 웨어하우스(Data Warehouse)		
구분	데이터 마트	데이터 웨어하우스
범위	특정 부서 또는 주제 영역	전사적 통합 데이터
규모	소규모(데이터 웨어하우스의 하위집합)	대규모(기업 전체의 통합 데이터 저장소)
목표	신속한 의사결정 및 분석 지원	전사적 의사결정을 위한 통합된 데이터 제공
구축 · 비용 · 기간	빠르고 비용 적음	시간과 비용이 많이 소요
데이터 형태	정제 · 가공된 데이터	원본 데이터를 통합 · 정제한 데이터

Q 데이터베이스 처리 방식

❶ OLTP(Online Transaction Processing) vs OLAP(Online Analytical Processing)

구분	OLTP	OLAP
목적	실시간 데이터로 일상적인 운영 업무 처리(운영 중심)	대규모 데이터 분석 · 집계 · 보고(분석 중심)
특징	생성 · 수정 · 삭제 등 작은 단위 트랜잭션 처리	대량의 과거 데이터 중심의 추세 파악, 보고서 생성 및 의사결정 지원
데이터 구조	정규화된 관계형 DB	비정규화된 구조(예 스타 스키마, 스노우플레이크 스키마 등)
쿼리 특성	• 정형화된 짧고 간단한 쿼리 • 빠른 응답과 높은 처리량 중요	• 복잡하고 집계적인 쿼리 • 복잡한 분석 처리 중요
사용자	현업 직원, 운영 시스템 사용자	데이터 분석가, 경영진
예시	은행 거래, 쇼핑몰 주문 처리, 예약 서비스 등	연간 매출 보고서 분석, 고객 구매 패턴 분석(데이터 웨어하우스 기반)

❷ 기업 데이터베이스
- CRM(Customer Relationship Management, 고객 관계 관리)
  - 고객 데이터 및 상호작용 통합 → 고객과의 관계를 효율적으로 관리 · 개선하는 전략, 기술, 행동
  - 중앙에서 고객 정보 관리 → 영업, 마케팅, 고객 서비스 등 다양한 부서에서 활용
  - 고객 확보 · 유지율 향상, 수익 증대
- SCM(Supply Chain Management, 공급망 관리)
  - 원자재 조달 → 생산 → 재고 → 물류 → 유통까지 전체 공급망 프로세스를 통합 · 최적화하는 시스템
  - 적정 재고 유지, 생산 · 물류 효율화, 공급 리스크 감소
- KMS(Knowledge Management System, 지식 관리 시스템)
  - 조직 내 축적된 지식, 문서, 노하우를 수집 · 저장 · 공유
  - 직원 역량 및 조직의 운영 효율성 향상, 의사결정 품질 개선, 업무 중복 제거

- ERP(Enterprise Resource Planning, 전사적 자원 관리)
  - 회계, 인사, 생산, 판매, 재고 등 핵심 비즈니스 프로세스를 하나의 시스템에 통합하여 관리하는 소프트웨어
  - 데이터를 실시간 공유하여 업무 효율성·정확성 향상 및 데이터 기반의 합리적 의사결정 가능
- BI(Business Intelligence, 비즈니스 인텔리전스)
  - 기업 데이터를 수집·통합·분석하여 의사결정을 돕는 기술 및 프로세스
  - 대시보드, 리포트 등 시각화된 정보 제공
- BA(Business Analytics, 비즈니스 애널리틱스)
  - 데이터를 수집·분석·해석하는 과정을 통해 유용한 통찰력을 도출하여 기업의 성과를 최적화하는 과정
  - 수학, 통계, 컴퓨팅 기술을 활용하여 데이터 분석, 데이터 시각화 및 보고서 도구 사용으로 결과를 효과적으로 전달 → 기업의 경쟁력 향상

제1과목
데이터 이해

🔍 빅데이터의 이해

❶ 정의
- 기존 방식으로는 처리·관리 분석하기 어려운 방대한 규모와 복잡성을 가진 데이터 세트의 집합
- 대규모 데이터 또는 데이터 자체, 기술, 조직 변화를 포함하는 광범위한 개념을 포함
- 빅데이터 분석을 통해 숨겨진 패턴, 상관관계, 인사이트를 발굴 → 의사결정 개선, 개인화된 서비스 제공, 신규 비즈니스 기회 창출 등 다양한 가치를 얻을 수 있음

❷ 출현 배경

저장 기술 발전 및 가격 하락	대용량 데이터를 저렴하게 저장·보관할 수 있게 되어 분석 기반 확대
병렬 처리 기술 발달	여러 서버에서 동시에 데이터 처리 → 대규모 데이터의 처리 속도·효율 향상
인터넷 속도 증가	데이터 생성·전송 속도 증가 → 실시간으로 대량의 데이터 처리 가능
클라우드 컴퓨팅	방대한 데이터를 저장·처리할 수 있는 확장형 인프라 제공
인터넷과 모바일 시대	인터넷 사용 증가와 스마트폰 보급으로 소셜 미디어, 위치 정보 등 다양한 유형의 데이터 대량 생성
사물 인터넷(IoT)	각종 센서와 기기들이 연결되어 온도, 습도, 속도 등 대량의 실시간 데이터를 지속적으로 생성

❸ 특징(5V)

규모 (Volume)	다양성 (Variety)	속도 (Velocity)	정확성·신뢰성 (Veracity)	가치 (Value)
데이터의 양이 많음	정형·반정형·비정형 데이터 포함	실시간으로 빠르게 데이터 생성·수신·처리	데이터의 품질·정확성·신뢰성 확보	데이터를 분석해 비즈니스 가치 창출

※ 가트너의 데그 래니: 3V(규모, 다양성, 속도) → 이후 V4(정확성·신뢰성), V5(가치), V7(유효성, 휘발성)로 확장

❹ 목적: 데이터 속에 숨겨진 의미 있는 패턴, 트렌드, 규칙을 발견

의사결정 지원	문제점을 빠르게 파악하고 정확한 의사결정을 내릴 수 있음
개인화된 서비스	고객의 행동 패턴, 선호도 등을 분석 → 개인에게 맞춤화된 제품과 서비스를 제공
새로운 비즈니스 기회	시장의 변화나 새로운 트렌드를 예측 → 혁신적인 비즈니스 모델 구축 및 기업의 경쟁력 향상

❺ 활용의 3요소

데이터(자원)	• 모든 것의 데이터화 • 분석을 위한 데이터 자체의 확보와 품질 관리
기술	• 진화하는 알고리즘/인공지능 • 대용량 데이터를 저장 · 처리하고 분석할 수 있는 빅데이터 플랫폼과 기술
인력	• 데이터 사이언티스트, 알고리즈미스트 • 수학, 공학적 능력과 분석 및 커뮤니케이션 능력을 갖춘 빅데이터 사이언티스트와 같은 전문 인력

❻ 활용 분야: 마케팅, 금융, 의료 등 다양한 분야에서 활용 가능

예 SAP은 고객 행동 분석을 통해 개인화된 마케팅 전략을 수립하는 데 빅데이터를 활용

정부	사회문제 해결 및 공공서비스 개선 등 정책 수립과 사회 현상 분석에 활용
기업	• 소비자 행동 분석, 시장 예측, 맞춤형 서비스 제공 → 기업의 경쟁력 강화와 효율성 증대 • 기업의 혁신 촉진 및 성장에 활용
개인	소셜 미디어, 온라인 쇼핑 등 고객 맞춤형 정보와 서비스 제공 → 생활의 편의성 증진

SECTION 02 **빅데이터의 가치와 영향**

Q **빅데이터의 가치와 영향**

❶ 핵심 가치

정확 · 신속한 의사결정 지원	시장 상황 변화, 고객 행동, 비즈니스 프로세스 등의 분석을 통해 전략적 의사결정 강화
운영 효율성 및 생산성 향상	리소스 관리 최적화, 프로세스 최적화
신규 시장 기회 발굴	고객 구매 패턴 분석 → 신시장 · 신제품 · 신고객 발굴 및 수익원 확보
위험 관리 · 예측	데이터 패턴 분석을 통해 잠재적 위험을 미리 파악하고 대응
사회문제 해결	감염병 확산 경로 예측, 재난 대응 다양한 분야의 사회적 문제 해결에 기여
개인화 서비스 제공	고객 선호, 행동 패턴, 건강 정보 등을 분석하여 개인에게 맞춤화된 제품 · 서비스 · 콘텐츠 제공

❷ 가치 패러다임 변화(Digitalization → Connection → Agency)

디지털 전환(Digitalization)을 통해 모든 사물과 데이터가 연결(Connection)되고, 이 연결된 데이터를 기반으로 인간이 주체적으로 의사결정하고 행동할 수 있는 능력을 갖게 되는(Agency) 과정

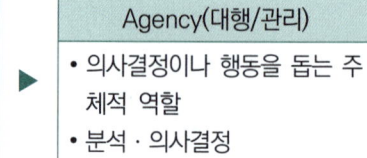

Digitalization(디지털화)	Connection(연결)	Agency(대행/관리)
• 아날로그 데이터를 디지털화하여 가치 창출 • 디지털 전환	• 디지털화된 데이터와 대상과의 연결 • 정보 공유 상호작용	• 의사결정이나 행동을 돕는 주체적 역할 • 분석 · 의사결정

❸ 활용 시 고려사항

가치 측정(산정)의 어려움	• 데이터는 재사용 · 재조합을 통해 계속 새로운 가치를 창출 • 분석 기술 발전(예) AI)으로 잠재적 가치 증가 • 데이터 활용 방식 변경: 재사용 · 재조합 · 다목적용
개인정보 및 보안 문제	• 데이터 활용 확대로 개인정보 유출보안 사고 위험 증가 • 철저한 관리와 보안 대책의 필요성 증대
데이터의 신뢰성 확보	• 대량 데이터 중 부정확하거나 신뢰도가 떨어지는 오염 데이터 존재 • 데이터 정제(Cleansing)와 검증(Validation) 과정 필요 • 정확하고 신뢰할 수 있는 데이터를 확보하는 것이 중요

❹ 산업계와 학계의 영향

• 산업계

고객 데이터 축적	고객의 구매 데이터, 웹 로그, SNS 활동 등 축적된 대량 데이터를 분석 → 숨겨진 가치 발굴 및 새로운 비즈니스 기회 창출
개인화 서비스 강화	개인 맞춤형 광고 및 프로모션 제공 → 경쟁 우위 확보

• 학계

거대 데이터 활용 연구	방대한 데이터를 다루는 새로운 통계, 분석 도구, 아키텍처 연구 활발
과학 연구 확산	물리학 등 여러 학문 분야에서 빅데이터 분석 기법 적용 예) 웹 정보의 순위 매기기, 웹 페이지 연결 관계 파악

❺ 데이터의 본질적 확산

기존 방식	빅데이터 시대	내용
표본조사	전수조사	데이터 수집 · 처리 비용 감소, 통계도구 발전으로 전수조사 보편화
질 중심	양 중심	데이터 양 증가 → 일부 오류 데이터의 영향 감소
인과관계	상관관계	빠른 패턴 탐지 및 실시간 대응이 더 중요 → 수익 증대
사전 처리	사후 처리	가능한 많은 데이터 수집 후 가치 탐색

Q 빅데이터의 기술 발전

❶ 데이터 증가와 인프라 고도화

데이터 증가	인터넷, SNS, 스마트폰, 사물인터넷(IoT)의 확산으로 데이터 양이 기하급수적으로 증가
ICT 인프라 발전	PC → 인터넷 · 모바일 → 초지능화 · 초개인화 시대 도래
기술 비용 하락	데이터 저장 및 처리비용 감소 → 대용량 데이터의 경제적 활용 가능

❷ 저장 및 처리 기술의 발전

비관계형 · 비정형 데이터베이스	텍스트, 이미지, 영상 등 비정형 데이터를 효율적으로 저장 · 처리할 수 있는 기술 발전
클라우드 서비스	가용성 · 확장성 높은 클라우드 서비스가 빅데이터 처리 및 관리에 필수적 인프라
분산 처리 기술	여러 대의 저가 서버 + 하드디스크로 대용량 데이터를 분산 처리하는 기술이 대규모 데이터 분석 솔루션을 대체

❸ 분석 및 시각화 기술의 발전

고급 분석 및 시각화	• AI와의 융합을 통해 정교하고 예측적인 분석이 가능 • 결과를 효과적으로 전달하는 시각화 기술도 중요해짐
다양한 분석 기법	소셜 분석 및 상황 인식, 개인화 서비스 등 데이터 분석의 범위와 깊이 확장

❹ 응용 분야 및 미래 트렌드

비즈니스 인사이트 도출	시장 트렌드 및 고객 선호도 분석, 마케팅 및 의사결정 과정에 활용 → 비즈니스 경쟁력 강화
사회 문제 해결	공공 데이터 활용을 통해 사회 문제 해결, 국민의 삶의 질 향상에 기여
AI와의 융합	AI 학습의 중요 자원, 더욱 정교하고 개인화된 서비스 제공

❺ 사회 및 산업 변화

의사결정 혁신	• 방대한 데이터를 기반으로 의사결정의 성확성 승대 • 비즈니스뿐만 아니라 사회 · 경제 · 과학 분야에서도 중요한 영향
비즈니스 모델 혁신	• 데이터 기반 의사결정 새로운 비즈니스 모델을 지속적으로 창출 • 기업의 경쟁 우위 확보와 성장에 핵심적인 역할
산업별 적용 확대	• 제조업: 공정 효율성 증대, 물류 및 공급망 관리 최적화, 생산성 향상에 활용 • 의료: 개인 맞춤형 의료 서비스 제공 • 도시: 최적의 도시 정책 수립, 교통 흐름 개선 등에 활용 • 소매: 고객 행동 분석을 통한 맞춤형 제품 추천 및 서비스 제공
새로운 기회 창출	자원 관리 간소화, 운영 효율 개선으로 새로운 수익 및 성장 기회 창출 가능

Q 비즈니스 모델

❶ 정의

- 빅데이터는 기업의 경쟁 우위 확보, 신규 비즈니스 창출의 핵심 동력
- 기업은 데이터 수집·분석을 통해 가치 있는 인사이트 도출 → 새로운 수익 창출 기회 발견 → 기업관리 및 생산 효율성 개선, 고객 맞춤형 서비스 제공 등 비즈니스 혁신을 목표로 함

❷ 유형

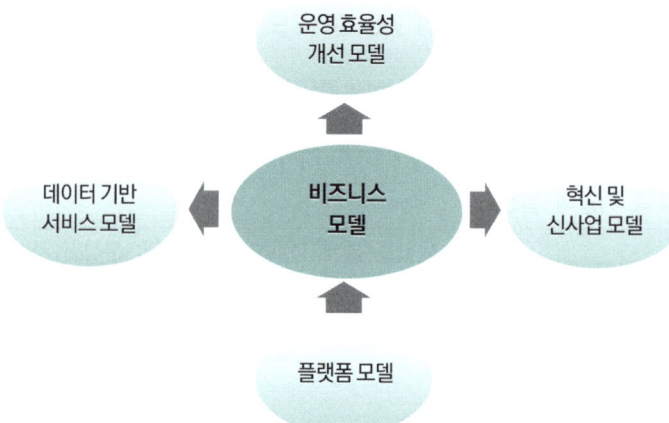

데이터 기반 서비스 모델	고객의 소비 패턴·선호도 분석 → 개인화 서비스 제공(예 추천, 타깃 광고, 쿠폰 등) 예 넷플릭스·지그재그·쿠팡 추천 알고리즘
운영 효율성 개선 모델	• 물류·공급망·설비 데이터 분석 → 비용 절감, 운영 최적화 • 배송 경로·출하량 예측 및 최적화하여 공차 운행 감소 예 물류기업의 경로 최적화, 항공사의 정시운항 개선
혁신 및 신사업 모델	• 빅데이터 분석을 통해 새로운 시장 기회 발굴 및 신서비스 개발 • 고객 행동 패턴 분석을 통해 서비스 혁신 및 신규 기능 도입 예 카카오, 오늘의 집
플랫폼 모델	데이터를 수집·분석·제공하는 데이터 플랫폼을 구축하여 새로운 가치 창출 지원

❸ 활용

유통 및 이커머스	• 개인화된 상품 추천: 고객의 구매·검색 기록, 선호 상품 등을 분석 → 개인별 맞춤 상품 추천 예 쿠팡, 아마존, 지그재그 • 수요 예측 및 재고 관리: 과거 판매 데이터와 시장 동향 분석 → 특정 제품 수요 예측 및 효율적 재고 관리 • 예측 배송 시스템 → 빅데이터와 AI를 활용해 고객 구매를 예측하고 배송 시간을 단축하는 시스템 구축 예 아마존

금융	• 부정 거래 탐지: 고객의 실시간 거래 패턴 분석 → 비정상적 거래 탐지 및 금융사기 방지 • 개인 맞춤형 금융 상품: 고객의 금융 활동 데이터를 분석 → 맞춤형 대출·투자 상품 추천, 고객 만족도 향상
의료 및 헬스케어	• 개인 맞춤형 치료: 유전 정보·생활 데이터 기반 　예 삼성서울병원 등에서는 유전 정보, 생활습관, 진료 기록 등 환자의 방대한 데이터를 분석해 맞춤형 치료 계획을 수립하고 질병을 예측함 • 신약 개발: 방대한 유전적·의학적 데이터 활용 → 임상시험 대체 및 효율성 증대 • 공공 보건 관리: 공공 보건 데이터 분석 → 질병 확산 패턴 파악, 감염병 발생 시 신속하게 대응
물류 및 운송	• 실시간 최적 경로 추천: 배송 시간 단축, 연료 효율 높임 • SCM 최적화: 재고 수준, 주문 패턴, 물류 운송 데이터를 통합적으로 관리
엔터테인먼트	• 콘텐츠 추천: 시청자의 과거 행동을 분석 → 개인별 맞춤 콘텐츠 추천(예 넷플릭스, 유튜브) • 광고 및 프로모션: 잠재 고객의 관심사 파악 → 맞춤형 광고 노출하여 마케팅 효과 극대화
공공 부문 및 도시 계획	• 사회문제 해결 　예 서울시의 '빅데이터 캠퍼스'는 도시 데이터를 활용하여 시민들이 사회문제를 해결하는 데 협력할 수 있도록 지원 • 행정 효율성 증대: 민원 분석을 통해 자주 발생하는 민원 파악, AI 어시스턴트 서비스 도입
제조업	• 설비 예지 보전: 공장 내 센서 데이터 분석 → 설비 운전 상황 파악, 고장 발생 가능성 예측 • 품질 관리: 제조 공정 데이터를 실시간 분석 → 불량률 ↓, 생산성 ↑

🔍 데이터 관련 기술 및 활용

연관규칙 학습	대규모 데이터베이스에서 변수 간의 흥미로운 관계를 발견하기 위한 규칙 기반 비지도 학습
유형 분석	다양한 분야에서 복잡한 정보를 유사한 특성을 가진 여러 그룹으로 분류하여 의미 있는 패턴을 파악
기계 학습	• 컴퓨터가 명시적인 지시 없이도 데이터를 통해 학습하고 패턴을 인식 • 이를 기반으로 미래를 예측하거나 새로운 의사결정을 내림
회귀 분석	하나 이상의 독립변수가 종속변수에 미치는 영향을 분석하여 변수들 간의 관계를 이해하고 종속변수를 예측
분류 분석	입력 데이터의 특징과 패턴을 분석하여 사전에 정의된 여러 그룹 중 어떤 그룹에 속하는지를 예측
감정 분석	• 텍스트에 담긴 긍정적, 부정적, 중립적 감정이나 의견을 자동으로 식별하고 분류 • 자연어 처리(NLP) 및 AI 기술 활용
소셜 네트워크 분석	• 네트워크와 그래프 이론을 사용해 사회 구조 조사 • 사람, 사물, 조직 등 네트워크의 개별 주체(노드)와 이들 간의 관계(연결, 링크)를 분석하여 패턴, 중심성, 정보 흐름 등을 파악하는 분석 방법

Q 위기 요인과 통제 방안

❶ 주요 위기 요인

사생활 침해	동의 없이 데이터 수집 · 활용되어 사생활이 노출되거나 원래 목적과 다른 용도로 사용될 위험
책임 원칙 훼손	알고리즘 예측 결과만으로 개인에게 불이익이 주어지거나 처벌받는 상황이 발생하는 위험
데이터 오용	수집된 데이터가 차별, 편견, 감시 목적으로 악용 또는 사회적 불평등 및 감시 사회로 이어질 위험

❷ 위기 요인별 통제 방안

사생활 침해
- 동의 중심 → 책임 중심 체계로 전환
- 데이터 익명화 · 가명처리 도입

• 관련 기술: 개인정보 비식별화 기술(예 가명처리, 총계처리, 데이터 마스킹, 범주화 등)

책임 원칙 훼손
- 예측 기반 책임 → 결과 기반 책임
- 알고리즘 예측의 불이익을 결과에 대해서만 책임

• 관련 기술: 설명 가능한 AI(XAI)

데이터 오용
- 알고리즘 투명성 확보(예 작동 원리 공개, 접근 허용)
- 알고리즘 전문가 · 감독 기관의 역할 강조
- 데이터 활용 목적 계약 및 법적 · 제도적 규제 마련

• 관련 기술: 데이터 거버넌스, 데이터 품질 관리

🔍 개인정보 비식별화 기법

❶ 정의: 개인을 직접 혹은 간접적으로 식별할 수 없도록 개인정보를 제거·변형·대체하는 기술적·관리적 조치

❷ 목적: 데이터 활용 + 프라이버시 보호 동시 달성

❸ 종류

가명처리 (Pseudonymization)	• 이름, 전화번호 등 직접 식별자를 다른 값(가명)으로 대체하는 방법 [예] 홍길동 → 임꺽정 • 휴리스틱 가명화: 특정 규칙에 따라 식별자를 임의의 값으로 대체 • 암호화: 암호화 키를 이용해 데이터를 암호화하여 식별을 어렵게 만듦 • 교환: 데이터 집합 내에서 일부 속성의 값을 서로 다른 레코드의 값과 교환
총계처리 (Aggregation)	개별 데이터를 그대로 사용하지 않고, 합계·평균 등 통계값만 제공하는 방법 [예] A 회사 B 부서 직원의 평균 연봉 → 개인 연봉은 알 수 없음
데이터 삭제 (Data Suppression/Deletion)	개인을 식별할 수 있는 직접 식별자([예] 이름, 주소, 주민등록번호 등) 또는 재식별 가능성을 높이는 준식별자([예] 생년월일, 우편번호 등)를 데이터에서 완전히 삭제
데이터 범주화 (Generalization)	데이터의 값을 특정 범위 또는 범주로 묶어 정보의 상세 수준을 낮추는 방법 [예] 28세 → 20대, 서울시 강남구 → 서울시
데이터 마스킹 (Data Masking)	데이터 일부를 가리거나 대체하여 원래 정보를 알 수 없게 만드는 방법 [예] 전화번호의 일부를 별표(*)로 표시하거나, 신용카드 번호의 일부를 숨김
무작위화 (Randomization)	• 데이터에 임의의 잡음(Noise)을 추가하여 실제 값을 왜곡함으로써 식별을 어렵게 만드는 방법 • 차분 프라이버시(Differential Privacy): 데이터에 수학적으로 계산된 잡음을 추가해, 특정 데이터가 포함되거나 포함되지 않더라도 분석 결과에 큰 변화가 없도록 보장하는 방법

SECTION 01 빅데이터 분석과 전략 인사이트

Q 빅데이터 분석 전략

❶ 빅데이터 분석 고려사항
- 빅데이터 분석의 'BIG'은 핵심이 아님
- 데이터의 양이 아닌 유형의 다양성이 중요함
- 더 많은 데이터가 더 나은 가치로 연결되지 않음
- 직관이 아닌 데이터에 기초한 의사결정이 중요함
- 객관적이고 종합적인 통찰을 줄 수 있는 데이터를 찾는 것이 중요함

❷ 일차원적 분석의 한계
- 부서 단위의 분석(좁은 관점) → 조직 전체의 전략 미반영, 결과의 편향 발생
- 빅데이터의 복잡성을 제대로 다루지 못함
- 환경 변화나 새로운 기회 포착과 같은 전략적 인사이트를 제공하기 어려움

Q 전략 인사이트

❶ 정의: 단순히 일차원적인 분석 결과를 넘어, 비즈니스의 핵심 이슈에 답하고 사업 성과를 견인할 수 있는 객관적이고 종합적인 시각과 통찰력을 의미

❷ 등장 배경
- 빅데이터에 대한 과도한 기대 → 활용 실패 경험 → 빅데이터 회의론 등장
- 단순히 BIG한 데이터 분석이 아니라, 비즈니스의 핵심 이슈에 대한 객관적이고 종합적인 통찰을 얻는 것이 중요해짐

❸ 중요성
- 전략 인사이트가 없는 분석은 의미 없는 숫자놀음에 그칠 수 있음
- 가치 있는 인사이트를 발굴하여 의사결정을 돕고 미래를 대비하는 데이터 분석의 궁극적인 목표의 핵심

❹ 전략적 인사이트가 없는 분석의 함정

• 데이터 수집 · 처리만 집중 • 경쟁 우위 부재 • 데이터 크기 자체만 집중 • 기존 가설 입증 중심	➡ • 분석 자체가 목적화됨 • 경쟁사도 가능한 분석 → 차별성 없음 • 양만 많고 질 · 통찰 부족 → 가치 없음 • 새로운 시각 · 기회 발굴 실패

❺ 전략적 가치 기반 분석
- 사업 성과를 견인하는 핵심 요소와 차별화를 위한 기회 발굴에 집중하여 분석
- 특정 목표(예 사업, 마케팅, 의사결정 등)를 달성하기 위해 가치에 초점을 맞춰 데이터를 분석하고, 그 결과를 바탕으로 최적의 전략과 방안을 도출

Q 빅데이터 분석과 전략 인사이트의 관계

❶ 상호보완적 관계

빅데이터 분석	전략 인사이트
• 다양한 데이터의 유의미한 패턴, 트렌드, 관계 발견 • 전략 인사이트를 발굴하기 위한 도구이자 기술적 과정	• 기업의 성장, 비용, 절감, 효율성 등에 기여하는 실행 가능한 통찰력 • 분석 결과를 활용하여 비즈니스 전략과 의사결정을 이끌어내는 결과물 • 빅데이터 분석의 가치 결정 핵심

❷ 가치 창출: 빅데이터 분석을 통해 얻은 다양한 데이터의 패턴과 트렌드를 파악하고, 이를 바탕으로 올바른 전략적 의사결정을 내리면 새로운 비즈니스 기회 창출, 비용 절감, 고객 만족도 향상 등 다양한 가치를 얻을 수 있음

SECTION 02 전략 인사이트 도출을 위한 필요 역량

Q 전략 인사이트 도출을 위한 필요 역량

- 데이터 분석, 비즈니스 이해, 창의적인 사고, 통찰력 있는 전달 등 데이터 과학적 역량과 소프트 스킬이 모두 필요함
- 기존 틀에서 벗어나는 사고, 비즈니스 핵심 가치와 고객의 내면적 요구를 이해하는 능력, 통계 및 분석 모델링 지식, 인문학적 통찰력을 결합하여 의미 있는 정보를 추출하는 역량이 요구됨

데이터 이해	정형 · 비정형 데이터를 포함한 다양한 형태의 데이터를 이해하고 관리하는 능력
분석 모델링	데이터 분석론에 대한 지식과 분석 기술을 숙련되게 활용하는 능력
데이터 과학	데이터로부터 의미 있는 정보를 추출하고 분석하는 학문적 지식

Q 데이터 사이언스(Data Science)

1 정의
- 방대한 양의 정형·비정형 데이터를 분석하여 의미 있는 통찰을 도출하고, 이를 바탕으로 합리적인 의사결정을 돕는 융합 학문
- 수학, 통계, 컴퓨터 공학, 인공지능, 비즈니스 지식 등 다양한 분야의 원칙과 기술을 결합하여 데이터를 생성

2 특징

통찰력 도출	데이터 속 숨겨진 패턴, 관계, 추세를 발견 → 핵심 정보 제공
문제 해결	기업의 매출 예측, 프로세스 최적화, 사용자 경험 개선 등 다양한 문제를 해결하는 데 기여
데이터 기반 의사결정	직관이나 경험이 아닌 객관적 증거를 기반으로 의사결정 지원

3 핵심 구성요소

분석 영역	• 수학 및 통계학: 데이터의 확률, 모델링, 분석 기법 등을 이해하고 적용하는 기술 • 인공지능 및 머신러닝: 복잡한 패턴을 인식하고 예측 모델을 구축하는 기술 • 패턴 인식 및 학습: 대량의 데이터에서 의미 있는 패턴을 추출하고 학습하는 기술
IT 영역	• 데이터 수집: 다양한 소스에서 데이터를 모으고 수집하는 과정 • 데이터 웨어하우징: 대규모 데이터를 효율적으로 저장하고 관리하는 시스템을 구축 • 데이터 처리 및 가공: 수집된 데이터를 분석 가능한 형태로 정제하고 변환하는 기술
도메인 지식 및 비즈니스 컨설팅 영역	• 전문 지식: 특정 산업 또는 비즈니스 영역에 대한 깊이 있는 이해를 바탕으로 데이터를 분석 • 문제 정의: 해결하고자 하는 구체적인 비즈니스 문제를 명확히 정의 • 전략 인사이트 도출: 분석 결과를 바탕으로 기업의 의사결정을 돕고, 전략적인 통찰력을 제공 • 소통 및 커뮤니케이션: 분석 결과를 다른 사람들에게 효과적으로 전달하고 협업하는 능력

4 데이터 사이언티스트의 요구 역량

하드 스킬 (분석적 역량)	• 전문적인 지식과 기술을 포함하며, 정량적으로 측정할 수 있는 능력 • 빅데이터에 대한 이론적 지식, 분석 기술에 대한 숙련 • 수학, 통계, 분석 기법(예 머신러닝, 딥러닝 등)에 대한 이해
소프트 스킬 (인문학적 역량)	• 협업, 소통, 문제 해결 등 업무 수행 과정에서 필요한 대인 관계 및 정서적 능력 • 통찰력 있는 분석: 창의적 사고, 호기심, 논리적 비판 능력 • 설득력 있는 전달: 스토리텔링 및 시각화를 통한 분석 결과 전달 • 다분야 간 협력 커뮤니케이션 등 인문학적 능력: 비즈니스 및 IT 전문가와의 협업
전략적 사고 역량	• 총체적 접근법: 데이터, 비즈니스, 기술 등 다양한 요소를 종합적으로 고려하여 큰 그림을 그리는 능력 • 미래 예측 및 트렌드 파악: 데이터를 바탕으로 미래 시장 동향과 기회를 예측하는 능력 • 가치 기반 분석: 단순한 분석을 넘어, 사업 성과를 견인하고 차별화 기회를 창출할 수 있는 단계로 나아가는 능력

Q 인문학의 부활과 AI의 발전

인문학의 부활	• AI의 데이터 분석 자동화 확대 → 데이터 사이언스는 창의적이고 전략적인 역할에 집중 • 데이터 사이언스는 기술적 능력(Hard Skill) + 인간의 해석과 통찰(Soft Skill) 필요 → 인문학적 소양의 중요성이 더욱 강조됨
AI의 발전	데이터 사이언스의 알고리즘과 AI 기술과 지속적 발전 → 미래 사회의 핵심 동력으로 성장
AI와의 융합 가속화	• AI는 빅데이터를 학습하는 데 필요한 데이터를 제공하고, 빅데이터는 AI가 유의미한 인사이트를 도출하는 데 핵심적인 역할을 함 • AI 기술이 발전함에 따라 데이터 분석의 자동화 수준이 확대 → 데이터 사이언스의 역할 변화

Q 미래 데이터 사이언스의 주요 특징

AI와의 결합으로 인한 자동화	반복적인 작업은 AI가 처리하고, 데이터 사이언티스트는 더 높은 수준의 전략적 의사결정이나 문제 해결에 집중
증강 분석의 대중화	• 머신러닝, 자연어 처리(NLP)를 활용해 데이터 분석 과정을 자동화하는 '증강 분석' 확산 • 비전문가도 쉽게 데이터 분석 가능 → 모든 조직에서 데이터 기반 의사결정이 보편화됨
데이터 민주화	데이터에 대한 접근성 향상, 쉬운 분석 도구의 보급 → 누구나 데이터를 활용할 수 있는 '데이터 민주화' 가속화
스몰 데이터의 중요성 확대	빅데이터와 더불어 적은 양의 데이터로도 가치 있는 인사이트를 얻는 '스몰 데이터'의 중요성이 커짐

Q 데이터 사이언스의 미래 전망

데이터 사이언티스트 역할의 변화	인공지능이 데이터 엔지니어링 및 분석 모델링의 일부를 대체함 → 복잡한 데이터 분석 모델 설계보다 비즈니스 문제 해결을 위한 데이터 전략 수립, 데이터 품질 관리, 데이터 기반의 의사결정을 지원하는 고차원적인 역량에 집중
데이터 기반 소통의 중요성 증대	데이터를 분석하고 그 결과를 이해하기 쉬운 형태로 시각화하여 다른 사람들과 효과적으로 소통하는 능력의 중요성 증대
전문가 수요 증가	• 데이터가 생성되는 거의 모든 분야에서 데이터를 분석하고 의미를 도출하는 데이터 분석 전문가의 필요성 증대 • 데이터 분석 전문가의 역할 　– 데이터를 시각화여 의사결정 지원 　– 데이터 기반의 전략적 통찰 도출 　– 고객 행동 예측하여 맞춤형 상품 및 서비스 제공 　– 효율적인 운영 및 위험 관리

🔍 빅데이터 및 데이터 사이언스의 윤리적 책임

투명성 및 책임	데이터 수집 및 활용 과정이 투명해야 하며, AI 알고리즘의 의사결정 과정도 설명 가능해야 함
편향성 문제	데이터에 포함된 편향이 알고리즘을 통해 학습되면 차별적인 결과를 낳을 수 있으므로, 편향을 제거하고 공정한 결과를 도출하기 위한 노력이 중요함
개인정보 보호	막대한 양의 개인 데이터가 수집되면서 개인정보 침해에 대한 우려가 커지고 있으므로, 데이터 활용에 대한 동의를 명확히 받고, 데이터 보안을 강화하는 것이 필수적임

CHAPTER 04 | 데이터분석 기획의 이해

제 2과목
데이터분석 기획

SECTION 01 분석 기획 방향성 도출

Q 분석 기획의 이해와 절차

❶ **데이터분석 기획**: 단순히 데이터를 수집·분석하는 기술적 과정이 아니라, 조직의 비즈니스 목표를 달성하기 위해 데이터를 어떤 문제 해결에 활용할지 기획하는 과정

더 알아보기 데이터분석

정의	특징
대량의 데이터를 수집, 정제, 처리 → 통계적 기법 또는 수학적 모델링을 적용하여 유의미한 패턴, 추세, 지식을 발견 → 이를 기반으로 의사결정을 지원하거나 미래를 예측	• 단순히 데이터를 보는 것을 넘어 비즈니스 문제 해결을 목표로 함 • 분석 결과를 바탕으로 경영 전략 수립, 마케팅 최적화, 위험 관리 등 다양한 분야에서 가치를 창출

❷ 분석 기획의 방향성 도출 방법

What (분석 대상과 목표)	How (분석 방법과 절차)	Why (성과 활용 방안)
비즈니스 전략과 연계된 핵심 현안 정의 예 고객 이탈률 감소, 신제품 수요 예측, 매출 증대 요인 분석, 불량률 감소 요인 파악	• 데이터 수집: 어떤 데이터(내부·외부, 정형·비정형)를 확보할지 결정 • 전처리: 결측값 처리, 정규화, 가공 방법 결정 • 분석 방법론: 통계분석, 머신러닝, 시각화, 예측 모델 등 선택 • 도구 및 환경: Python, R, SQL, BI 도구, 클라우드 환경 등 도구 선택 • 결과 활용 방안: 리포트, 대시보드, 의사결정 프로세스 반영 예 고객 이탈 예측 → 머신러닝 분류 모델 활용 예 매출 영향 요인 분석 → 회귀분석, 요인분석 예 불량원인 규명 → 통계적 품질 관리, 클러스터링	• 분석 결과를 실제 운영·전략에 반영 • 의사결정 개선, 프로세스 최적화, 새로운 가치 창출

Q 분석 기획의 필요성과 역할 및 고려사항

분석 기획 필요성	• 기업의 전략적 의사결정을 지원 • 불필요한 분석을 줄이고, 목표 지향적 분석 체계를 확립 • 데이터 기반 경영(Data-driven Decision Making, DDDM) 구현의 핵심
분석 기획 주요 역할	• 문제 정의: 경영·업무 문제를 데이터 분석 문제로 전환 • 데이터 확보 전략: 필요한 데이터의 유형, 출처, 확보 방안 결정 • 분석 체계 설계: 분석 방법론, 기술, 조직 구조 기획 • 성과 관리: 분석 결과를 실행 가능한 인사이트로 전환
분석 기획 고려사항	• 경영진의 의지 및 지원 확보 • SMART 원칙(Specific, Measurable, Achievable, Relevant, Time-bound)에 따라 분석 목표를 구체화 • 분석의 목표와 기대 효과를 명확히 하고, 성공 기준을 사전에 정확히 수립 • 경쟁 우위 확보 차원에서 분석을 통해 경쟁사 대비 차별화된 통찰을 제공하거나 새로운 수익 모델을 창출할 수 있는지 고려 • 빅데이터를 활용하여 시장의 급격한 변화나 고객의 미세한 니즈 변화를 빠르게 감지하고 대응하는 방안 고려

SECTION 02 분석 방법론

Q 개요

❶ 정의
  • 분석 프로젝트를 체계적·표준화된 절차로 수행하여 품질과 효율성을 확보하기 위한 활동의 집합
  • 데이터 준비, 분석, 모델링, 평가 등의 단계를 포함하며, 분석 과제에 따라 적합한 데이터 분석 기법
   (예 기술 통계, 머신러닝 등)을 선택하여 적용
   예 KDD, CRISP-DM

❷ 활동

분석 기획 방법	• 비즈니스 목표 정의, 분석 범위 및 성공 기준 설정, 분석 과제 도출 및 우선순위 결정 • 분석 기획서, 분석 과제 목록, 우선순위 매트릭스 등 산출물 생성
데이터 준비 방법	• 데이터 수집 및 통합, 데이터 정제, 결측값 및 이상값 처리, 데이터 변환, 분석 모델링에 적합한 최종 데이터셋(Feature Set) 구성 • 전체 프로젝트 시간 중 가장 많은 시간(60~80%)을 차지
데이터 분석 방법	• 분석 기법(회귀, 분류, 군집, 시계열 등) 선택, 모델 구축·학습 및 평가 및 검증·튜닝 • 구축된 모델의 정확도(Accuracy), 정밀도(Precision), 재현율(Recall) 등을 평가하고, 비즈니스 관점에서 유효성을 확인

❸ 단계별 프로세스

1단계 분석 기획	2단계 데이터 준비	3단계 데이터 분석	4단계 시스템 구현	5단계 평가 및 전개
• 문제 정의 및 목표 설정 • 범위 및 리소스 계획 • 위험 관리 계획	• 데이터 수집 및 통합 • 데이터 정제 및 전처리	• 탐색적 데이터 분석(EDA) • 모델링 및 평가	• 모델 전개 • 자동화	• 결과 보고 • 성과 측정 및 모니터링

1단계 분석 기획	• 문제 정의 및 목표 설정: 비즈니스 목표를 명확히 이해하고, 달성하고자 하는 결과물을 구체적으로 정의('Question first' 접근법을 통해 분석 대상을 먼저 설정) • 범위 및 리소스 계획: 데이터 형태, 양, 모델 적용 등에 따라 프로젝트 범위를 유연하게 관리할 수 있는 계획을 세우고, 필요한 인력, 기술, 예산 등의 자원 할당 • 위험 관리 계획: 데이터 품질 문제, 기술적 한계, 데이터 접근성 등 발생 가능한 위험을 사전에 파악하고 대응 방안을 마련
2단계 데이터 준비	• 데이터 수집 및 통합: 분석에 필요한 내·외부 데이터 소스를 확보하고 통합하는 계획 수립 • 데이터 정제 및 전처리: 불완전하거나 부정확한 데이터를 처리하고, 분석에 적합한 형태로 변환하는 과정을 체계적으로 관리(데이터 품질 관리가 핵심)
3단계 데이터 분석	• 탐색적 데이터 분석(EDA): 데이터를 시각화하고 탐색하며 패턴과 이상값을 파악 • 모델링 및 평가: 기획 단계에서 수립한 분석 방법론을 기반으로 모델을 개발하고, 정확도와 정밀도 등 모델 성능을 평가
4단계 시스템 구현	• 모델 전개: 개발된 분석 모델을 실제 업무 프로세스나 시스템에 적용하고 활용할 수 있도록 구현 • 자동화: 반복적인 분석 업무를 자동화하여 효율성을 높이는 방안을 모색
5단계 평가 및 전개	• 결과 보고: 분석 결과를 이해관계자에게 명확하게 시각화하여 보고하고, 실행 가능한 인사이트를 도출 • 성과 측정 및 모니터링: 분석 모델이 비즈니스에 기여하는 성과를 지속적으로 측정하고, 모델의 성능을 모니터링하며 개선 방안을 찾음

❶ KDD(Knowledge Discovery in Databases)
- 데이터베이스에서 의미 있는 지식을 탐색하는 프로세스
- 선택(Selection) → 전처리(Preprocessing) → 변환(Transformation) → 데이터 마이닝(Data Mining) → 평가/해석(Evaluation/Interpretation)

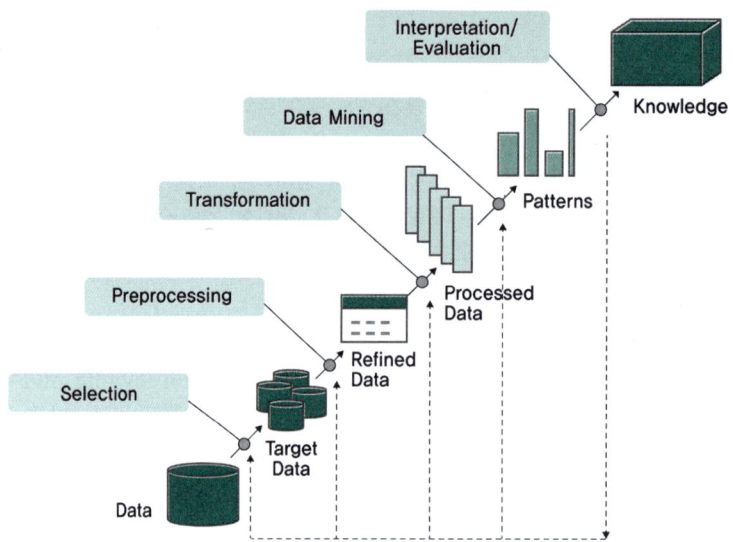

❷ CRISP-DM(Cross-Industry Standard Process for Data Mining)
- 산업 전반에서 사용되는 데이터 마이닝 프로세스로, KDD와 유사한 단계를 거침
- 업무 이해(Business Understanding) → 데이터 이해(Data Understanding) → 데이터 준비(Data Preparation) → 모델링(Modeling) → 평가(Evaluation) → 전개(Deployment)

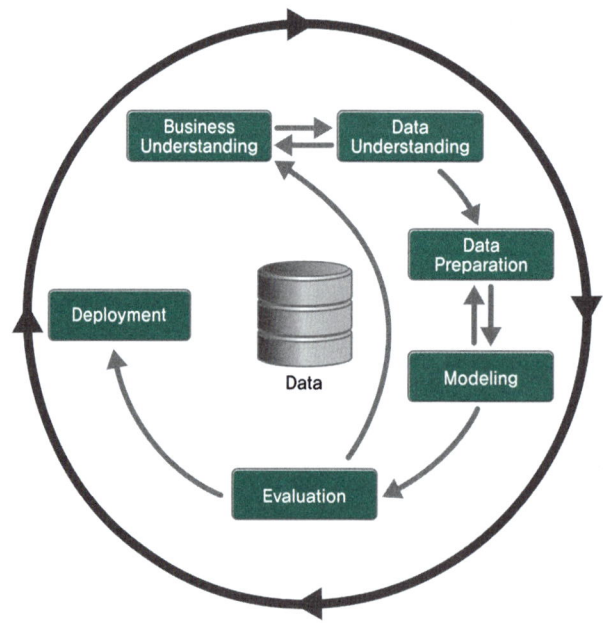

❸ 소프트웨어 개발 방법론: IT 시스템 구축 중심의 전통적 방법론으로, 분석 모델을 시스템에 탑재할 때 주로 활용

구분	폭포수 방법론(Waterfall)	애자일 방법론(Agile)
진행 방식	요구사항 정의, 설계, 개발, 테스트, 배포 등 각 단계를 순차적으로 진행(고전적인 소프트웨어 개발 모델)	짧은 반복 주기(스프린트)마다 설계, 개발, 테스트를 반복하며 고객의 피드백을 받아 지속적으로 개선
특징	• 프로젝트 시작 전에 모든 요구사항과 계획을 명확하게 정의 • 단계별로 업무를 분담하고 문서화하여 현재 상황 추적이 용이 • 변화에 대한 수용도가 낮아, 중간에 요구사항 변경이 발생하면 처음부터 다시 시작해야 할 수 있음 • 순차적, 명확한 단계별 산출물	• 요구사항의 불확실성을 인정하고 프로젝트 진행 중 변화를 적극적으로 수용 • 고객에게 최소 실행가능한 제품(MVP)을 먼저 제공하고, 피드백을 통해 점진적으로 기능을 추가하고 수정 • 빠른 속도와 유연성이 가장 큰 장점
적합한 프로젝트	요구사항이 명확하고 변경이 적으며 예측가능한 대규모 프로젝트에 적합	요구사항 변경이 잦고 시장 변화에 빠르게 대응해야 하는 프로젝트에 적합(빅데이터 분석에 적합)

* 애자일(Agile): 기민한, 민첩한

SECTION 03 분석 과제 발굴

🔍 분석 과제 발굴

❶ 하향식 접근법 vs 상향식 접근법

구분	하향식(Top-Down) [문제 중심]	상향식(Bottom-Up) [데이터·기술 중심]
정의	비즈니스 목표와 문제를 먼저 정의하고, 이를 해결할 분석 과제를 찾아내는 방식(전통적인 문제 해결 방식)	데이터를 탐색·분석하는 과정에서 새로운 패턴·인사이트를 발견하고, 그로부터 비즈니스 문제를 해결할 아이디어를 발굴하는 방식
장점	• 비즈니스 목표와 직접 연계 • 명확한 목표·성과 설정 용이 • 빠른 실행 가능	• 기존에 몰랐던 기회 발굴 • 데이터의 잠재적 가치 최대한 활용 가능
단점	• 새롭고 예상 밖의 기회 포착 어려움 • 데이터의 잠재적 가치를 모두 활용하지 못할 수 있음	탐색 과정이 장기화되거나 명확한 목표 없이 진행되면 시간과 자원이 낭비될 위험이 있음
진행 과정	• 문제 탐색: 기업의 현재 상황(예 매출 감소, 고객 이탈 등) 파악 • 문제 정의: 탐색된 문제를 구체적인 데이터 문제로 재정의 • 해결 방안 탐색: 문제 해결을 위한 다양한 분석 방법(예 예측모델, 고객 세분화 등) 모색 • 타당성 검토: 기술적·경제적 타당성 검토 후 최종 과제 선정	• 데이터 탐색: 가용 데이터 수집·탐색 • 패턴 발견: 데이터 시각화, 통계분석 등을 통해 데이터의 특성과 패턴 파악 • 가설 설정: 발견된 패턴을 바탕으로 비즈니스 가치 창출이 가능한 가설 수립 • 과제 구체화: 가설 검증을 위한 구체적인 분석 과제 정의

→ 가장 이상적인 접근은 두 방식의 상호보완적 결합을 통해 전략적 가치와 실행 가능성을 모두 확보해야 함

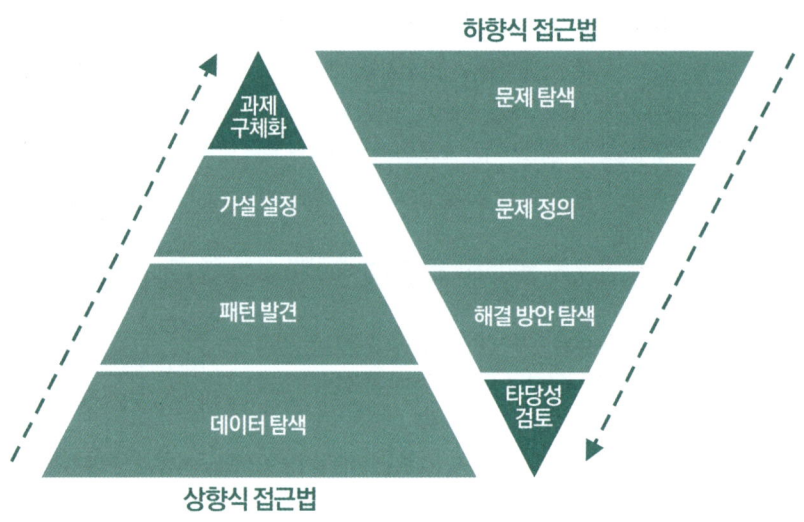

하향식 접근법

과제
구체화

가설 설정

패턴 발견

데이터 탐색

문제 탐색

문제 정의

해결 방안 탐색

타당성
검토

상향식 접근법

더 알아보기 **디자인 사고(Design Thinking) 기반 접근**

• 사용자의 관점에서 문제를 정의하고, 창의적인 아이디어를 도출하여 프로토타입을 만들어 테스트하는 방식
• 데이터 분석에도 디자인 사고 기반 접근 방식을 적용하여 사용자 중심의 과제 발굴이 가능함
• 하향식 접근과 상향식 접근의 발산(Diverge)과 수렴(Converge) 단계를 반복하며 과제를 발굴(즉, 다양한 아이디어를 발산하고, 데이터로 검증하여 수렴하는 과정을 거침)

❷ 분석 과제 발굴을 위한 구체적인 단계

분석 대상 이해	어떤 영역(예 마케팅, 생산, 인사)에서 문제를 해결하고 싶은지 정의
내부 역량 진단	현재 조직이 보유한 데이터, 기술, 인력 등의 분석 역량 파악
비즈니스 문제 정의	내부 이해관계자 인터뷰, 워크숍 등을 통해 해결하고 싶은 비즈니스 문제를 구체화
데이터 탐색	내 · 외부 데이터를 데이터가 어떤 정보가 있는지 파악
아이디어 도출	하향식, 상향식, 디자인 사고 등으로 분석 아이디어를 도출
분석 과제 정의서 작성	분석 목표, 데이터, 방법, 기대효과 등을 담은 과제 정의서 작성
우선순위 설정 및 관리	비즈니스 영향도와 실행 용이성을 고려하여 우선순위 설정 및 로드맵 수립

분석 프로젝트 관리 방안

🔍 분석 프로젝트의 특징

❶ 특징

불확실성	초기에는 데이터의 유용성, 품질, 분석 결과에 대한 불확실성이 높음
반복성	가설 설정 → 검증 → 모델링의 과정을 반복하는 탐색적 성격이 강함
협업	현업(Business), IT 개발자, 데이터 분석가 간의 긴밀한 협업이 필수적
결과 활용	모델 구축뿐 아니라 실제 시스템 통합 및 운영(Deployment)을 포함

❷ 애자일 방법론 적용: 분석 프로젝트는 변화가 잦고, 예측이 어렵기 때문에 유연하고 반복적인 접근 방식을 지향하는 애자일(Agile) 방법론 적용해야 함

반복적 개발	• 전체 프로젝트를 여러 개의 작은 반복 주기(스프린트)로 나누어 진행 • 매 주기마다 고객의 피드백을 반영
변화 대응	고정된 계획을 따르기보다 변화하는 요구사항에 신속하게 대응
협업 및 소통	팀원 간 긴밀한 상호작용과 고객 공동 작업을 통해 투명성을 높이고 프로젝트의 가치를 극대화

🔍 분석 프로젝트 관리 방안

❶ 일반적 프로젝트의 관리 영역

범위	• 분석 프로젝트의 목적과 기대 성과를 명확히 정의하고 분석 대상 데이터, 분석 방법, 산출물의 범위를 설정·통제하는 활동 • 범위 변경 시 프로젝트 일정과 비용에 미치는 영향을 검토
시간	• 프로젝트 단계별 일정(예 문제 정의, 데이터 수집·정제, 분석, 결과 도출)을 계획하고 진척 상황을 관리하는 활동 • 데이터 이슈로 인한 지연 가능성을 고려하여 일정 관리 필요
원가	• 분석 인력 투입 비용, 시스템 및 도구 사용 비용 등을 산정하고 예산 범위 내에서 프로젝트를 수행하도록 관리하는 활동 • 비용 대비 분석 성과의 효율성을 고려하는 것이 중요
품질	• 데이터 품질과 분석 결과의 정확성, 신뢰성을 확보하기 위해 관리하는 활동 • 데이터 정합성, 모델 성능 지표, 분석 결과의 재현성을 기준으로 품질 검증
통합	• 범위, 일정, 원가, 품질 등 프로젝트 전반의 요소를 종합적으로 조정·관리하는 활동 • 분석 프로젝트 전체의 방향성과 일관성을 유지하는 역할
조달	• 외부 데이터, 분석 도구, 솔루션, 전문 인력 등을 확보·활용하는 활동 • 외부 자원의 활용 범위와 책임을 명확히 정의

자원	• 분석가, 데이터 엔지니어, 도메인 전문가 등 프로젝트 참여 인력을 효율적으로 배치·관리하는 활동 • 인력의 역할과 책임을 명확히 하여 협업을 원활히 함
리스크	• 데이터 부족, 품질 문제, 일정 지연, 분석 결과 활용 실패 등의 위험 요소를 사전에 식별하고 대응 방안을 마련하는 활동 • 리스크를 최소화하여 프로젝트 성공 가능성을 높임
의사소통	• 프로젝트 진행 상황, 분석 결과, 주요 이슈를 이해관계자에게 적절히 전달하는 활동 • 분석 결과는 시각화와 간결한 설명을 통해 전달
이해관계자	• 의사결정자, 현업 사용자, 분석 수행자 등 다양한 이해관계자의 요구사항을 파악하고 조율하는 활동 • 분석 결과가 실제 업무에 활용될 수 있도록 협력 관계 유지

❷ 추가 관리 영역: 분석 프로젝트는 일반적인 프로젝트 관리 영역인 범위, 일정, 품질, 리스크, 의사소통 등에 더해 데이터 특성을 반영한 5가지 추가 관리 영역을 포함해야 함

데이터 크기 (Data Size)	분석할 데이터의 양을 고려하여 관리 계획을 수립해야 함
데이터 복잡성 (Data Complexity)	정형 및 비정형 데이터 등 다양한 데이터 유형과 복잡성을 고려해야 함
분석 속도 (Analysis Speed)	분석 모델의 개발 속도와 실제 적용 시의 속도를 함께 고려해야 함
분석 복잡성 (Analysis Complexity)	분석 기법이나 알고리즘의 복잡성에 따라 프로젝트의 범위와 일정이 달라질 수 있음
정확도·정밀도 (Accuracy/Precision)	분석 모델의 정확도와 정밀도는 상충 관계(Trade-off)에 있을 수 있으므로, 최적의 모델을 탐색하고 이 관계를 관리해야 함

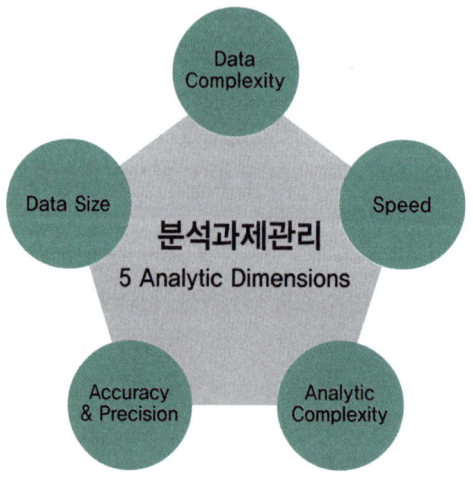

CHAPTER 05 | 분석 마스터 플랜

SECTION 01 마스터 플랜 수립

Q 분석 마스터 플랜

❶ 정의
- 기업이 데이터 분석 역량을 체계적으로 내재화하고, 이를 비즈니스 전략과 연계하여 지속적 가치 창출을 가능하게 하는 중장기 로드맵
- 단순히 기술 도입이 아니라, 조직의 현 상태를 진단하고 미래 목표 달성을 위한 구체적인 실행 계획을 수립하는 과정

❷ 목표
- 기업의 비즈니스 목표 달성에 필요한 데이터 분석 과제를 체계적으로 도출
- 전략적 중요도와 실행 용이성 등을 고려하여 과제의 우선순위 결정
- 이를 단기 및 중장기 로드맵으로 수립하여 효과적인 데이터 분석을 수행하고 비즈니스 성과를 극대화

❸ 구체적 목표

과제 발굴 및 우선순위 결정	• 기업 내에서 필요한 모든 데이터 분석 과제를 빠짐없이 도출 • 전략적 중요도, 비즈니스 성과, ROI(투자수익률), 실행 용이성 등 다양한 기준을 바탕으로 우선순위를 객관적으로 평가·결정
단기·중장기 로드맵 수립	단기적으로 이행할 세부 계획과 중장기적으로 나아가야 할 방향을 제시하는 로드맵 작성
데이터 기반 의사결정 지원	데이터 분석 결과를 활용하여 정보에 입각한 정확한 의사결정을 내리고, 이를 통해 비즈니스 성과 향상
데이터 활용 극대화	내·외부 데이터 적용 범위, 분석 기술 적용 수준, 업무 내재화 수준 등을 고려하여 데이터 활용도를 높이고 분석의 실질적인 효과를 이끌어냄
분석 거버넌스 체계 구축	인프라, 데이터, 조직, 관리 프로세스 등을 포함하는 분석 거버넌스 체계를 수립 → 품질 좋은 데이터 확보 및 활용 기반 마련

Q 분석 마스터 플랜 수립 프레임워크

❶ 분석 마스터 플랜 수립 프레임워크

현황 진단	• 분석 업무: 현재 수행 중인 분석 과제, 활용 데이터, 결과 활용도 등 파악 • 분석 인력 · 조직: 분석 인력의 역량 수준, 조직 구조(집중 · 기능 · 분산) 및 운영 방식 분석 • 분석 기법 수준: 활용 중인 분석 모델 및 기법의 수준 평가 • 분석 데이터: 보유한 데이터의 양, 종류, 품질 및 관리 체계를 점검 • IT 인프라: 데이터 저장 · 처리 · 분석에 사용되는 기술 및 시스템 현황 진단
미래 모습 정의	• 비즈니스 목표 연계: 기업의 중장기 비즈니스 목표와 이를 달성하기 위한 분석 과제를 명확히 정의 • 분석 수준 설정: 현재의 분석 역량을 바탕으로 도달하고자 하는 미래의 분석 수준을 설정
분석 로드맵 구성	• 분석 과제 로드맵: 도출된 과제를 시간 순으로 배치 • 인프라 로드맵: 데이터 플랫폼, 분석 환경(예) 하드웨어, 소프트웨어) 구축 계획 수립 • 조직 · 인력 로드맵: 전문 인력 육성 및 조직 구조 개편 계획 수립

분석 과제 우선순위 결정	• 분석 포트폴리오 구성: 비즈니스 목표에 부합하는 다양한 분석 과제 식별
	• 우선순위 평가: 다음 요소들을 고려하여 분석 과제의 우선순위를 평가하고 포트폴리오 구성
	  – 전략적 중요도: 비즈니스 목표 달성에 얼마나 필수적인지
	  – 비즈니스 성과(ROI): 투자 대비 예상되는 수익 및 가치
	  – 실행 용이성: 필요한 인적 · 물적 자원 확보의 어려움 정도

더 알아보기 포트폴리오 사분면 분석

우선순위 요소를 활용해 과제를 분류하고, 어떤 과제에 집중할지 결정

중요도
[비즈니스 가치]

Ⅱ. 전략 과제 Strategy(전략)

저난이도. 고가치

• 성과는 크지만 기술적·조직적 난이도 높음
• 신규 데이터 수집, 고급 모델 필요

"중장기적으로 투자해야 할 과제"

Ⅰ. 핵심 과제 Quick Win(빠른 성공)

고난이도. 고가치

• 성과 크고 쉽게 가능
• 데이터 품질 좋고 모델 단순, 현업 활용도 높음

"즉시 추진해야 할 과제"

실행 용이성
[분석난이도]

Ⅲ. 불필요 과제 Low Priority(낮은 우선순위)

저난이도. 저가치

• 가치도 낮고 난이도도 낮음
• 분석은 가능하나 활용도 거의 없음

"제거 대상"

Ⅳ. 검토 과제 Effort (노력)

고난이도. 저가치

• 데이터 부족한데 복잡한 AI 적용 시도
• 법 · 윤리 리스크가 큰 고난이도 분석

"우선 순위가 가장 낮은 과제"

❷ 이행 계획 수립: 마스터 플랜을 구체적인 실행 계획으로 전환하는 과정
  • 세부 활동

단계별 추진 목표 구체화	마스터 플랜의 큰 그림을 따라, 단기 및 중장기적으로 달성해야 할 구체적 목표 설정
소요 예산 산출	필요한 예산 파악 및 확보 방안 검토
책임 주체(R&R) 정의	담당자 또는 팀을 명확히 지정하여, 역할과 책임(R&R)을 분명히 함

  • 핵심 목적

실행력 강화	추상적인 마스터 플랜 → 구체적인 실행 방안으로 실제 업무 추진의 실현 가능성을 높임
효율성 제고	각 단계별 책임과 예산이 명확해지므로 업무 진행의 효율성을 높이고 자원을 효과적으로 배분할 수 있음
성과 측정 기반 마련	구체적인 목표와 담당자 지정은 향후 성과를 측정하고 평가하는 데 중요한 기반이 됨

  • 단계별 이행

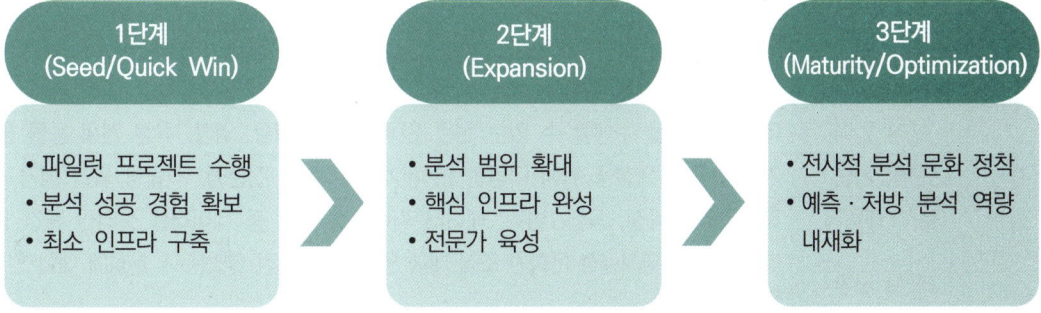

❸ 기대 효과

가시적인 성과 창출	전략적으로 중요한 과제에 집중하여 단기적인 성공 사례를 만들어냄
분석 역량 내재화	외부 의존도를 줄이고, 조직 내부의 분석 역량을 강화하여 지속적인 성장이 가능하도록 함
성공 경험 확산	초기에 성공한 분석 사례를 전사적으로 확산시켜 분석 문화가 자리 잡도록 함

SECTION 02 분석 거버넌스 체계 수립

Q 분석 거버넌스 체계

❶ 정의
  • 데이터 분석 활동을 관리·통제하는 내부 관리 방식이자 프로세스
  • 기업 내 데이터 분석 문화 정착과 분석 역량의 지속적 고도화를 위해 수립
  • 분석 준비도와 성숙도 진단을 통해 현재 수준을 파악하고, 이를 바탕으로 조직, 데이터, 프로세스, 인력 등 각 구성요소별 목표와 개선 방안 정의해야 함

❷ 구성요소

조직 (Organization)	• 분석 기획 및 관리를 담당하는 조직 구성 예 집중 구조(분석 업무 전담 별도), 기능 구조(각 부서 분석 담당), 분산 구조(현업 부서 내 분석 인력 직접 배치)
프로세스 (Process)	• 분석 과제를 기획하고 운영하는 절차와 방법론 • 데이터 분석의 지속적인 적용과 확산을 위한 체계적인 운영 절차 포함
데이터 관리 (Data Management)	• 데이터 거버넌스의 핵심적인 요소로서, 데이터의 품질, 보안, 표준 등을 관리 • 데이터 품질 및 정확성을 보장하여 신뢰할 수 있는 분석과 의사결정 지원 • 데이터 접근 통제 · 수집 · 저장 · 처리 · 폐기에 이르는 데이터 라이프사이클 전반에 걸친 정책을 설정하고 적용

Q 분석 준비도와 분석 성숙도

❶ 분석 준비도(Readiness): 기업의 준비 상태를 파악

분석 업무	데이터 분석이 어떤 과정으로 진행되고, 분석 결과가 실제 비즈니스에 어떻게 활용되는지 등 분석 업무 체계를 평가
분석 인력	데이터 분석을 수행할 수 있는 전문 인력의 보유 현황, 역량, 육성 계획 등을 평가
분석 기법	기업의 목표 달성을 위해 다양한 분석 기법의 종류, 전문성, 적합성 등을 평가
분석 데이터	데이터의 가용성, 품질, 범위, 데이터 거버넌스 체계 등 데이터를 둘러싼 환경 평가
분석 문화	데이터 기반 의사결정 문화가 조직 내에 얼마나 잘 자리 잡았는지, 분석에 대한 인식은 어떤지 등을 평가
IT 인프라	분석을 위한 데이터 저장 및 처리 시스템, 분석 도구, 플랫폼 등 기술적 기반 평가

❷ 분석 성숙도: 기업의 분석 활용 능력을 진단

도입 → 활용 → 확산 → 최적화

단계	정의	주요 활동
도입 단계 (Initiation/Introduction)	• 분석을 시작한 단계 • 기본적인 분석 환경과 시스템 구축	• 분석을 위한 인프라와 도구 마련 • 필요한 데이터 확보 • 분석 시스템을 초기 단계로 도입
활용 단계 (Usage/Application)	• 분석 결과를 실제 업무에 적용하는 단계 • 가시적인 성과 창출	• 분석을 통해 얻은 통찰력을 비즈니스 의사결정에 활용 • 실제 업무 프로세스에 적용하여 효율성을 높임
확산 단계 (Spread/Diffusion)	• 분석의 중요성 인지하고, 분석 문화와 역량을 조직 전체로 확산하는 단계 • 분석 결과를 전사적으로 관리 · 공유	• 분석 지식과 기술을 전사적으로 공유 • 분석 결과와 관리 체계를 다른 부서나 팀으로 넓혀감
최적화 단계 (Optimization)	• 분석을 통해 얻은 비즈니스 가치를 극대화 • 분석 시스템과 프로세스를 지속적으로 개선하여 최적화하는 단계	• 분석 계획과 실제 결과를 비교 분석 • 비즈니스 가치를 높이기 위해 지속적으로 개선

❸ 성숙도 모델
- 조직의 데이터 분석 역량을 정량적·정성적으로 평가하는 프레임 워크(예 가트너, CMMI)
- 주요 평가 영역: 전략, 조직·인력, 프로세스, 기술·인프라, 문화

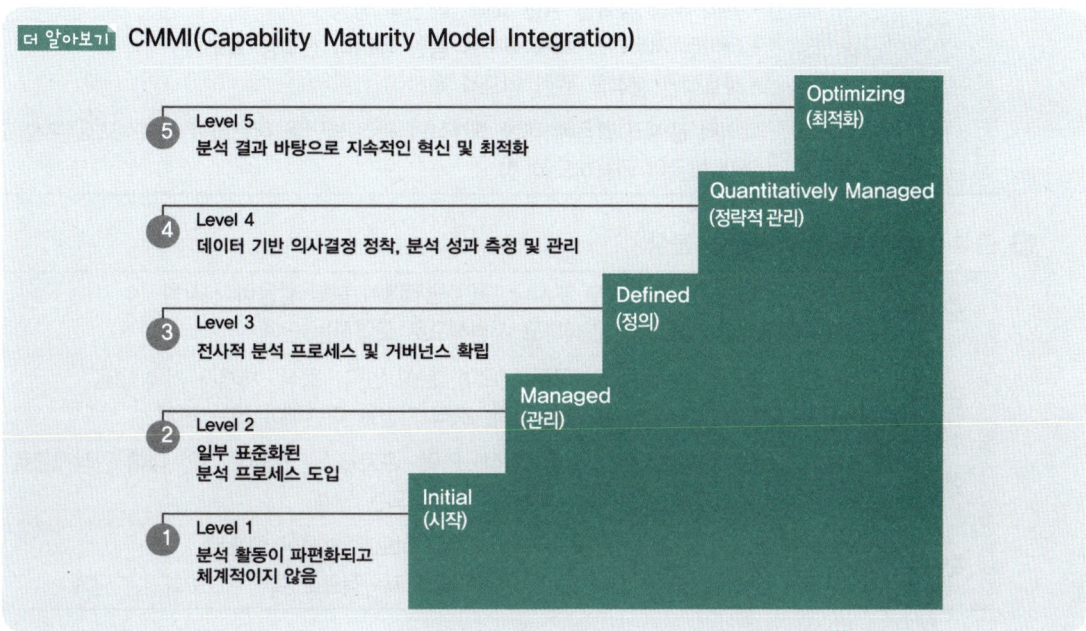

더 알아보기 **CMMI(Capability Maturity Model Integration)**

Optimizing (최적화)
5 Level 5 분석 결과 바탕으로 지속적인 혁신 및 최적화

Quantitatively Managed (정략적 관리)
4 Level 4 데이터 기반 의사결정 정착, 분석 성과 측정 및 관리

Defined (정의)
3 Level 3 전사적 분석 프로세스 및 거버넌스 확립

Managed (관리)
2 Level 2 일부 표준화된 분석 프로세스 도입

Initial (시작)
1 Level 1 분석 활동이 파편화되고 체계적이지 않음

🔍 진단과 결과 활용

❶ 분석 수준 진단 과정

목표 설정	진단 목표와 측정 기준을 명확히 정의
현황 분석	• 분석 준비도·성숙도 모델 기반으로 현재 조직의 상태 평가 • 설문조사, 인터뷰, 문서 검토 등의 방법 활용
갭 분석	현재 수준과 목표 수준의 차이(Gap) 분석하여 개선이 필요한 영역 식별
로드맵 수립	분석 역량을 강화하기 위한 구체적인 실행 계획과 로드맵 수립
피드백 및 개선	지속적인 모니터링과 평가를 통해 분석 수준의 지속적 향상 추진

❷ 분석 수준 진단의 중요성

객관적인 현황 파악	데이터 분석에서 명확한 기준에 의해 강점과 약점 파악 가능
전략적 의사결정 지원	데이터 기반의 의사결정을 촉진하고, 비즈니스 성장을 위한 로드맵을 제시
경쟁력 강화	데이터 분석 역량을 강화하여 시장 경쟁 우위를 확보하는 데 기여
자원 효율화	분석 역량이 취약한 부분에 자원을 집중 투자하여 효율성 극대화

❸ 분석 수준 진단 결과 활용 방안

목표 정의	현재 위치를 명확히 파악하고 달성하고자 하는 분석 수준에 대한 목표 구체화
개선 방안 수립	• 진단 결과 취약 영역을 중심으로 개선 계획 수립 • 분석 역량 강화를 위한 교육 및 인력 양성 • 데이터 거버넌스 체계 구축을 통한 데이터 신뢰성 확보 • 효율적인 분석을 위한 인프라 개선
분석 거버넌스 체계 수립	데이터 분석과 활용에 대한 체계적인 관리 방안을 마련하여 지속적으로 분석 고도화 및 과제 발굴이 가능하도록 함

❹ 분석 수준 진단 결과 사분면 분석

도입형	• 분석 준비도는 낮으나 일부 부서나 개인 단위에서 분석 활용이 시작됨 • 데이터 분석의 필요성을 인식하고 시범적으로 도입하는 단계
준비형	• 분석 준비도와 활용 수준이 모두 낮으며, 분석 인력·조직·체계가 거의 없음 • 향후 분석 도입을 위해 데이터, 인력, 조직 기반을 마련해야 하는 단계
정착형	• 분석 준비도가 확보되어 있으며, 조직·인력·프로세스·기법이 기업 내에 안정적으로 정착됨 • 반복적이고 표준화된 분석이 의사결정에 활용되는 단계
확산형	• 분석 인프라와 역량이 충분히 구축되어 전사적으로 분석이 활용됨 • 분석이 전략 및 핵심 의사결정에 내재화되어 지속적으로 확산·고도화되는 단계

[분석 수준 진단 결과]

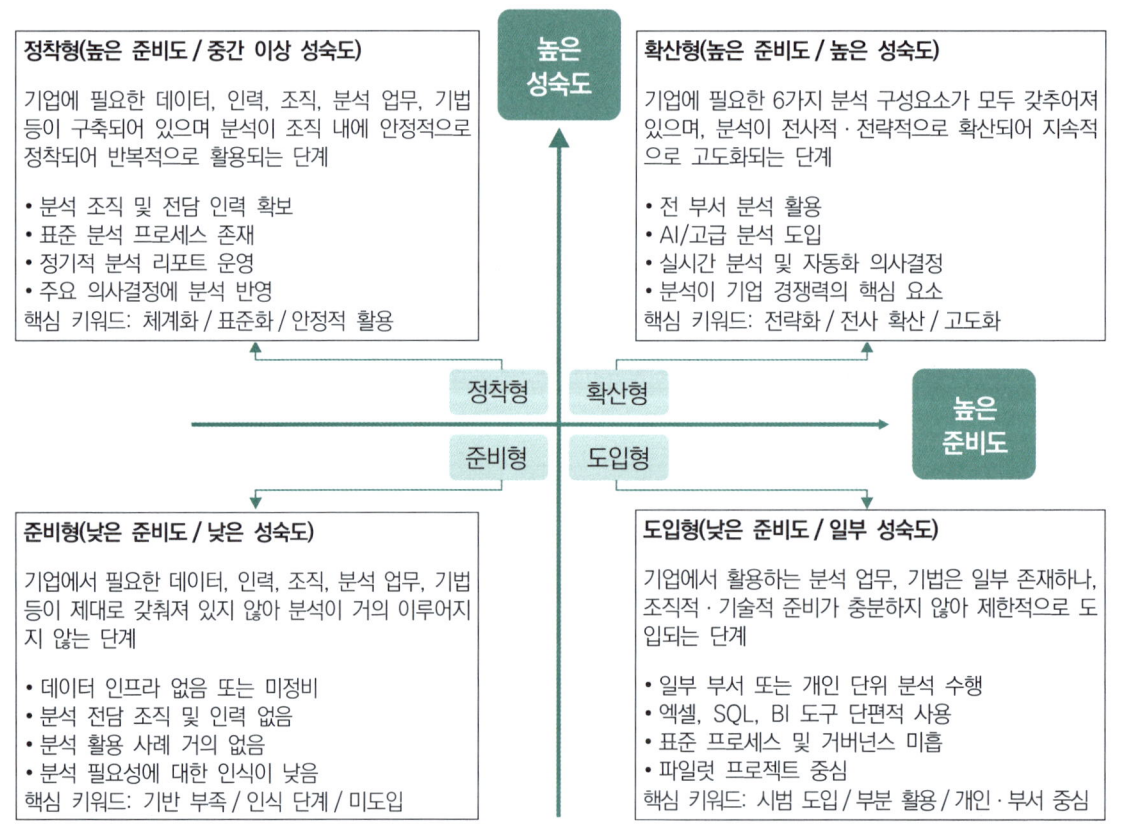

🔍 데이터 거버넌스(Data Governance)

❶ 정의: 데이터의 수집, 저장, 처리, 폐기 등 전 과정에서 보안, 개인정보 보호, 정확성, 가용성, 사용성을 보장하기 위한 데이터 관리 원칙, 표준, 절차, 역할, 책임을 체계적으로 설정하고 실행

❷ 주요 목적

데이터 품질·신뢰도 향상	데이터의 정확성, 완전성, 일관성을 보장하여 누구나 신뢰할 수 있는 고품질 데이터 확보
보안·개인정보 보호 강화	접근 권한을 통제하고, 데이터 보안 및 개인정보 보호 기준을 준수하도록 함
규정 준수	외부 표준 및 내부 정책을 준수하여 법적·윤리적 요구사항을 충족함
의사결정 지원	정확하고 시의적절한 데이터를 기반으로 비즈니스 전략 및 운영 의사결정 지원
데이터 가용성 증대	필요한 사람이 필요한 시점에 안전하게 데이터에 접근 가능하도록 함

❸ 프레임워크 핵심 요소

원칙 (Principle)	• 데이터를 관리하고 사용하기 위한 기본적인 지침 및 규칙 정의 • 데이터 품질 기준, 보안 정책, 변경 관리 절차 등 포함(데이터의 명확성, 투명성, 일관성 보장
조직 (Organization)	• 데이터 관리 및 사용에 대한 역할과 책임(RACI)을 명확히 하는 조직 구조 수립 • 데이터 관리자, 데이터 스튜어드(데이터 관리 책임자) 등 인력의 교육 및 마인드 함양을 위한 방안 포함
프로세스 (Process)	• 데이터의 수명 주기 전반에 걸쳐 데이터를 관리하기 위한 활동과 절차 체계화 • 데이터 수집·저장·처리·사용·모니터링 등의 작업 절차 수립
기술 (Technology)	• 데이터 관리 정책과 프로세스를 지원하는 기술 및 인프라 구축 • 메타데이터 관리, 데이터 품질관리, 접근 제어 도구 등 해당

❹ 데이터 거버넌스 체계의 주요 항목

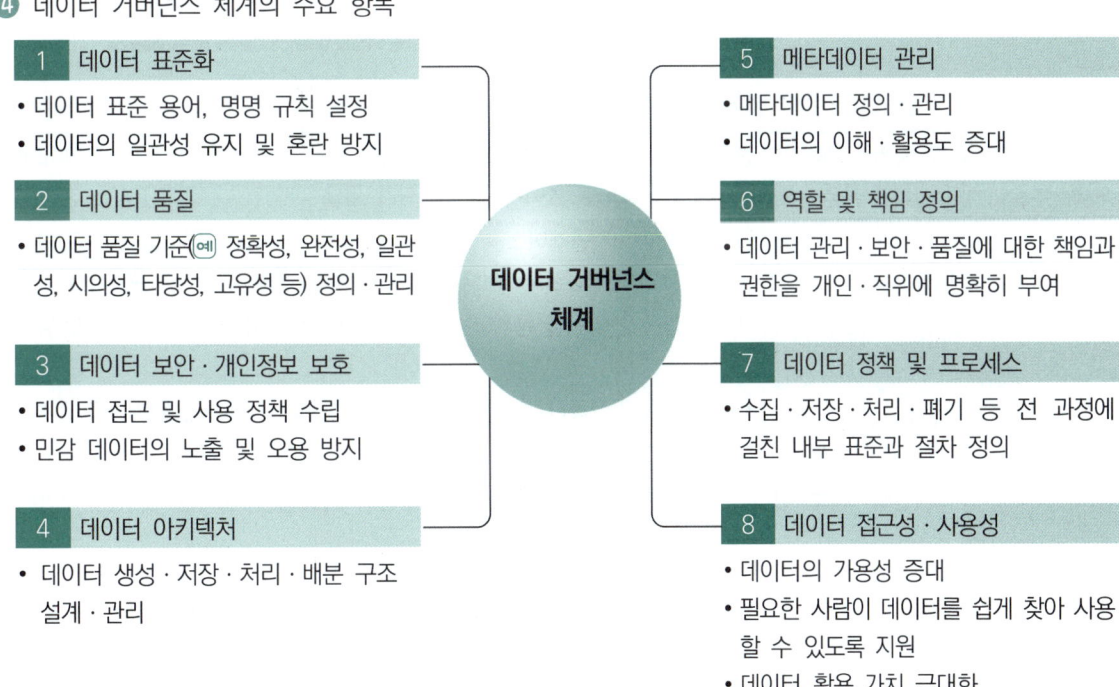

1 데이터 표준화
• 데이터 표준 용어, 명명 규칙 설정
• 데이터의 일관성 유지 및 혼란 방지

2 데이터 품질
• 데이터 품질 기준(예 정확성, 완전성, 일관성, 시의성, 타당성, 고유성 등) 정의·관리

3 데이터 보안·개인정보 보호
• 데이터 접근 및 사용 정책 수립
• 민감 데이터의 노출 및 오용 방지

4 데이터 아키텍처
• 데이터 생성·저장·처리·배분 구조 설계·관리

데이터 거버넌스 체계

5 메타데이터 관리
• 메타데이터 정의·관리
• 데이터의 이해·활용도 증대

6 역할 및 책임 정의
• 데이터 관리·보안·품질에 대한 책임과 권한을 개인·직위에 명확히 부여

7 데이터 정책 및 프로세스
• 수집·저장·처리·폐기 등 전 과정에 걸친 내부 표준과 절차 정의

8 데이터 접근성·사용성
• 데이터의 가용성 증대
• 필요한 사람이 데이터를 쉽게 찾아 사용할 수 있도록 지원
• 데이터 활용 가치 극대화

Q 데이터 분석 조직 구조

❶ 데이터 분석을 위한 조직 구조의 필요성: 민첩성과 유연성을 높이기 위해 데이터 마켓플레이스나 중앙 데이터 관리팀과 비즈니스팀 간의 협업이 중요해지고 있으므로 데이터 분석을 위한 조직 구조 필요함

❷ 주요 조직 구조 유형

구조	내용	특징
집중 구조 (집중형)	전사 분석 업무를 별도 전담 조직(예 데이터 사이언스 센터)이 수행	현업과의 거리감, 비즈니스 이해 부족 가능성 있음
기능 구조 (기능형)	각 업무 부서가 자기 부서 관련 데이터 분석을 직접 수행	전사 관점의 핵심 분석 어려움, 과거 실적 위주, 국지적 분석 수행 가능성 큼
분산 구조 (분산형)	분석 인력을 여러 현업 부서에 직접 배치하여 각 부서에서 필요로 하는 분석 업무를 수행	분석 역량 파편화, 비표준화
혼합 조직 (Hybrid/CoE)	중앙 집중식 전문가 그룹(CoE, Center of Excellence)이 분석 표준과 플랫폼을 관리하고, 현업 부서에도 소규모 분석 인력 배치	가장 이상적인 구조

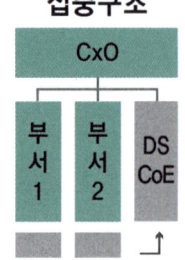

집중구조

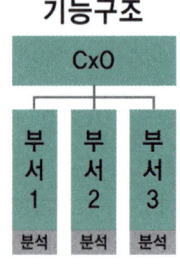

기능구조

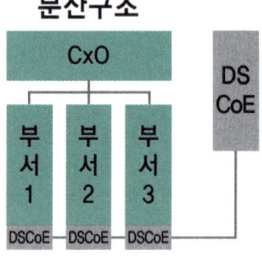

분산구조

※ DSCoE : Data Science Center of Excellence

❸ 데이터 기반 조직으로의 전환 시 고려사항

데이터 사일로 제거 및 민첩성 확보	중앙 IT팀이 데이터를 관리하는 전통적인 방식은 병목 현상 유발 → 데이터에 대한 접근성과 활용도를 높이기 위한 변화가 필요
데이터 마켓플레이스	중앙 데이터 마켓플레이스팀, 데이터 생산자팀, 데이터 소비자팀으로 구성되어, 사용자가 필요한 검색 · 탐색 · 신뢰도 확인 후 바로 활용할 수 있도록 지원
거버넌스 체계	데이터 접근 및 사용을 통제하는 데이터 거버넌스 체계를 구축 → 분석 업무의 효율성과 안전성 향상
협업과 지원	• 분석 전담 조직과 각 부서 간 유기적인 협조와 지원이 원활한 구조 필요 • 비즈니스 질문을 선제적으로 찾아낼 수 있는 능력이 중요

*데이터 사일로: 서로 다른 부서, 시스템 및 사업부 간에 데이터 공유를 방해하는 격리된 데이터 모음

Q 분석 과제 관리 프로세스

❶ 정의
- 분석 과제를 효과적으로 관리하기 위한 체계적인 과정
- 조직의 비즈니스 목표와 연계된 과제를 발굴하여 과제 풀(Pool)로 관리하고, 분석 수행의 전 과정에서 성과를 측정하고 개선

❷ 주요 단계

과제 발굴	과제 수행 및 모니터링	과제 종료 및 활용

- 과제 발굴(Idea Generation&Selection)

아이디어 도출	각 부서나 개인으로부터 '분석으로 해결하고 싶은 문제나 기회 요인' 수집
과제화 · 선별	수집된 아이디어를 분석 과제 형태로 구체화하고, 과제 풀(Pool)에 등록 · 관리
과제 확정	조직의 전략적 목표와 연관성, 기대효과 등을 검토하여 최종 수행할 분석 과제 선정

- 과제 수행 및 모니터링(Execution&Monitoring)

데이터 분석 수행	문제 정의 → 데이터 수집 · 전처리 → 탐색 · 분석 → 결과 보고 등의 실제 데이터 분석 단계 진행
성과 모니터링	• 프로젝트 진행 상황을 지속적으로 추적 • 범위, 시간, 원가, 품질 목표를 달성하고 있는지 주기적으로 점검 · 관리
위험 관리	프로젝트 수행 과정에서 발생할 수 있는 위험을 사전에 식별 · 대응

- 과제 종료 및 결과 활용(Closure&Utilization)

결과 보고 및 검토	분석 결과를 이해관계자에게 보고하고, 타당성 검토 및 피드백 수렴
결과 활용 및 피드백	• 분석 결과의 의미와 가치를 이해관계자들과 공유 • 실제 비즈니스 의사결정에 활용하도록 지원
프로세스 개선	분석 과제 수행 경험을 바탕으로 과제 발굴 및 관리 프로세스 자체를 개선하여 조직의 분석 역량을 고도화

❸ Life Cycle: 분석 과제의 시작부터 종료 및 활용까지의 표준 절차

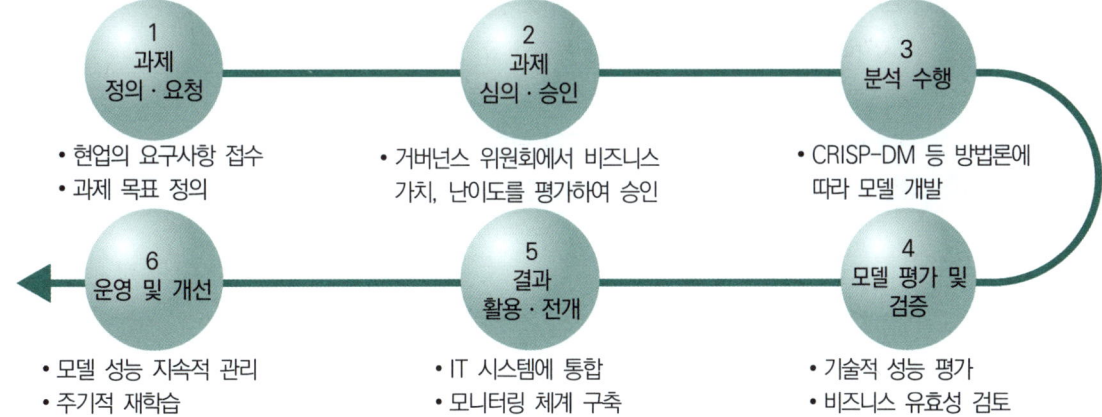

CHAPTER 06 | R기초와 데이터 마트

제 3과목
데이터분석

SECTION 01 R기초

🔍 R의 특징과 패키지

❶ R의 특징

오픈소스	누구나 무료로 다운받아 사용 가능
통계분석에 최적화	다양한 통계 방법론 및 통계 계산, 기법 등을 적용할 수 있음
강력한 데이터 시각화 기능	차트 및 2D/3D 그래픽, 지도, GIS, 시계열 등 동적 그래프까지 지원
다양한 데이터 형식 지원	• CSV, 엑셀, SAS, SPSS 등 다양한 형태의 데이터를 쉽게 읽어올 수 있음 • 수정, 삭제, 정렬, 합치기 등 데이터 핸들링이 쉬움
빠른 데이터 처리	메모리에서 직접 데이터를 처리하므로 처리 속도가 빠르고 효율적인 분석 가능
벡터 기반 연산	R의 가장 기본적인 데이터 구조인 벡터를 활용하여 효율적인 연산 가능
다양한 패키지	사용자들이 개발한 다양한 패키지(예) 통계, 시각화, 데이터마이닝, 금융 등)를 통해 최신 알고리즘과 기술 활용 가능
운영체제 호환성	Windows, MacOS, Linux 등 다양한 운영체제에서 사용 가능

❷ R 패키지
- 정의
  - 특정 기능을 수행하기 위한 함수, 데이터, 문서 등을 묶어놓은 확장 기능
  - 데이터 분석, 시각화, 통계 등 다양한 작업을 더 쉽고 효율적으로 수행 가능
  - 전 세계 사용자들이 개발한 수많은 패키지를 자유롭게 설치하고 사용할 수 있으며, 주로 공식 저장소인 CRAN(The Comprehensive R Archive Network)을 통해 공유
- 주요 기능

데이터 조작 및 전처리	데이터 정리 및 구조 변경
시각화	다양한 종류의 차트와 그래프 생성
통계분석	고급 통계 모델 및 테스트 제공
머신러닝	회귀 및 분류 모델 학습을 위한 도구 포함
파일 입출력	다양한 형식의 파일을 불러오고 저장

- 사용 방법

설치	R 콘솔이나 RStudio에서 install.packages() 함수를 이용해 설치 예 install.packages("패키지명")
불러오기	설치된 패키지를 R 세션에서 사용하려면 library() 함수로 불러옴 예 library(패키지명)

Q R의 데이터 구조

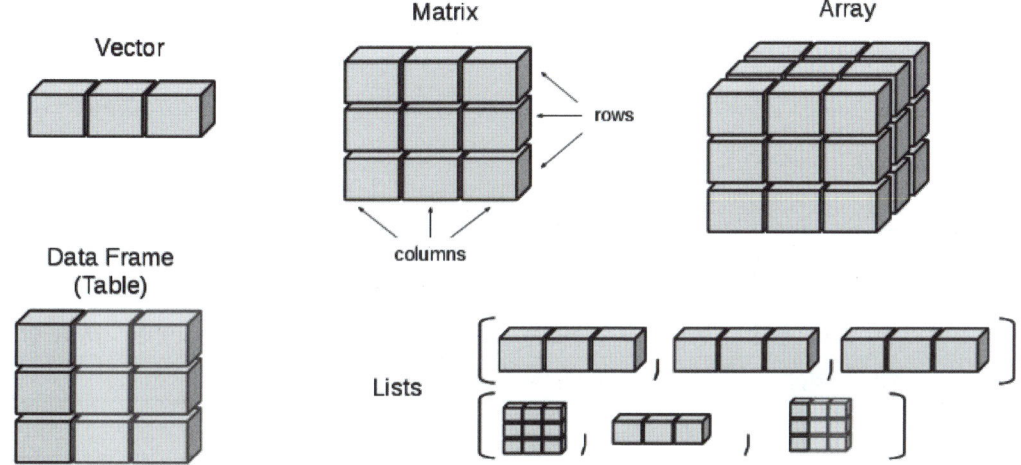

Vector

Matrix — rows / columns

Array

Data Frame (Table)

Lists

❶ 스칼라(Scalar): 하나의 값(예 숫자, 문자열 등)을 저장하는 가장 기본적인 형태

❷ 벡터(Vector)

- 주요 특징

데이터 타입	• 숫자, 문자, 논리값(TRUE/FALSE) 등 어떤 종류의 데이터든 포함할 수 있음 • 벡터 안의 모든 값은 반드시 같은 데이터 타입이어야 함
1차원 집합	벡터는 여러 값을 하나의 행(Row) 또는 열(Column)에 나열한 형태를 가짐
요소	벡터를 구성하는 개별 값

- 생성 방법

c(...)

• 예시

```
# 숫자 벡터 my_vector 생성
my_vector <- c(1, 2, 3, 4, 5)
print(my_vector)
# 출력: [1] 1 2 3 4 5

# 문자 벡터 char_vector 생성
char_vector <- c("apple", "banana", "cherry")
print(char_vector)
# 출력: [1] "apple" "banana" "cherry"

# 논리 벡터 logic_vector 생성
logic_vector <- c(TRUE, FALSE, TRUE)
print(logic_vector)
# 출력: [1] TRUE FALSE TRUE
```

❸ 행렬(Matrix)

• 주요 특징

2차원 구조	• 행과 열로 구성된 2차원 데이터 형태 • 엑셀 표와 같이 데이터를 행과 열 형태로 관리할 때 사용
동일한 데이터 형태	행렬의 모든 원소는 같은 데이터 형태(에 숫자형, 문자형)를 가져야 함
벡터의 확장	벡터가 모여 행렬을 이룬다고 볼 수 있음

• 생성 방법

```
matrix(data, nrow, ncol, byrow)
```

data	행렬을 구성할 데이터(벡터)
nrow	행의 개수 지정
ncol	열의 개수 지정
byrow	TRUE로 설정하면 행을 기준으로, FALSE(기본값)이면 열을 기준으로 데이터를 채움

• 예시

```
# 1부터 6까지의 숫자로 2행 3열의 행렬 생성 (열 우선)
matrix(1:6, nrow = 2, ncol = 3)

# 1부터 6까지의 숫자로 2행 3열의 행렬 생성 (행 우선)
matrix(1:6, nrow = 2, ncol = 3, byrow = TRUE)
```

❹ 배열(Array)

• 주요 특징

다차원 구조	• 행렬과 비슷하지만 2차원 이상의 다차원 데이터 저장 가능 • 여러 개의 동일한 테이블이 중첩된 형태와 유사

• 생성 방법

```
array(...)
```

- 예시

```
#1차원 배열(1부터 6까지의 숫자로 1차원 배열 생성)
array(1:6)
#출력: [1] 1 2 3 4 5 6

#2차원 배열(2행 3열의 2차원 배열 생성)
array(1:6, dim = c(2, 3))
#출력:
     [,1] [,2] [,3]
[1,]   1    3    5
[2,]   2    4    6

#3차원 배열(2x2x2의 3차원 배열 생성)
array(1:8, dim = c(2, 2, 2))
#출력:
, , 1

     [,1] [,2]
[1,]   1    3
[2,]   2    4

, , 2

     [,1] [,2]
[1,]   5    7
[2,]   6    8
```

⑤ 리스트(List)

- 주요 특징

다양한 데이터 타입 포함	• 여러 종류의 데이터 타입(예 문자, 숫자, 논리값, 함수, 다른 리스트 등)을 하나의 객체에 저장할 수 있음 • 서로 다른 형식의 데이터를 하나의 묶음으로 저장할 때 사용
순서가 있는 모음	구성원의 순서를 가지며, 순서에 따라 요소에 접근할 수 있음
재귀적(Recursive) 벡터	다른 리스트나 벡터를 포함할 수 있어 계층적인 데이터 구조를 표현할 수 있음

- 생성 방법

```
list(...)
```

- 예시

```
# 여러 종류의 데이터를 담은 리스트 my_list 생성
# 각 요소는 이름(tag)과 함께 저장 가능
my_list <- list(name = "Rlist", age = 30, scores = c(90, 85, 92))

# $ 키워드를 사용하여 my_list의 name 요소에 접근 가능
my_list$name
# 출력: [1] "Rlist"

# 특정 인덱스에 해당하는 요소 추출 시, [[]] 또는 []로 접근 가능
# [[인덱스]]: 단일 요소를 추출
my_list[[2]]
# 출력: [1] 30
```

⑥ 데이터 프레임(Data Frame)

  • 주요 특징

행과 열	• 2차원 테이블 형식의 데이터 구조 • 각 행은 케이스(관측치), 각 열은 변수(컬럼)를 나타냄 • 엑셀 스프레드시트와 유사
다양한 데이터 타입	각 열은 서로 다른 유형의 데이터(예) 숫자형, 문자형, 논리형 등)를 가질 수 있어 유연하게 데이터를 관리할 수 있음
핵심 자료구조	R에서 가장 기본적이고 널리 사용되는 데이터 구조
용도	• 데이터 분석 및 조작을 위한 기본 틀로 사용 • CSV 파일 등 외부 데이터를 불러와 분석하기 위한 주요 구조

  • 생성 방법

```
# 직접 여러 벡터를 조합하여 데이터 프레임을 생성
data.frame(…)

# CSV 파일의 데이터를 R 데이터 프레임으로 바로 읽어올 수 있음
read.csv()
```

  • 예시

```
# 데이터 프레임 my_df 생성
my_df <- data.frame(
  id = c(1, 2, 3),
  name = c("Kim", "Lee", "Park"),
  score = c(90, 85, 88),
  pass = c(TRUE, TRUE, FALSE)
)

my_df
# 출력:
  id  name score  pass
1  1   Kim    90  TRUE
2  2   Lee    85  TRUE
3  3  Park    88 FALSE
```

⑦ 차원과 동질성에 따른 분류

단일형 구조	벡터, 행렬, 배열 등 한 가지 데이터 타입만 저장할 수 있는 구조
다중형 구조	리스트, 데이터 프레임처럼 여러 데이터 타입을 함께 저장할 수 있는 구조
차원	스칼라(0차원), 벡터(1차원), 행렬(2차원), 배열(3차원 이상) 등으로 구분

Q R의 데이터 형식

구분	내용	예시
숫자형 (Numeric)	정수나 실수를 포함한 숫자 데이터	10 또는 3.14 등 숫자 값
문자형 (Character)	• 텍스트 데이터 • 큰따옴표(" ")나 작은따옴표(' ')로 묶여 있으며, 숫자를 따옴표로 묶으면 문자형이 됨	"Hello", 'R'
논리형 (Logical)	• 참(TRUE) 또는 거짓(FALSE)의 이진(Binary) 값 • R에서는 반드시 대문자로 작성해야 인식	TRUE, FALSE
팩터형 (Factor)	명목형 또는 순서형 변수를 나타내는 데 사용	• '남성', '여성' • '작음', '보통', '큼'

Q R 함수 및 그래프

❶ R 함수 요약

구분	주요 함수	내용
데이터 조작 및 처리	subset(), merge(), apply(), lapply(), sapply()	데이터의 효과적 처리 가능
	dplyr, data.table 패키지	더욱 강력한 데이터 조작 가능
통계분석	lm()(선형 회귀), glm()(일반화 선형 모델), t.test()(t-검정), chisq.test()(카이제곱 검정)	다양한 통계 함수를 기본으로 제공
데이터 탐색	str(), summary(), head(), tail()	데이터의 구조·요약 정보를 빠르게 파악 가능
사용자 정의 함수	function()	키워드를 사용하여 필요에 따라 맞춤형 함수 제작 가능

❷ R 그래프

기본 그래프 (graphics)	• 히스토그램(Histogram) 　– 데이터의 분포를 막대 형태로 시각화 　– hist() 함수 사용 • 상자 그림(Box Plot) 　– 데이터의 사분위수와 이상값을 시각화 　– boxplot() 함수 사용 • 막대 그래프(Bar Graph) 　– 범주형 데이터의 빈도를 막대 형태로 나타냄 　– barplot() 함수 사용 • 산점도(Scatter Plot) 　– 두 변수 간의 관계를 점으로 표현 　– plot() 함수 사용

고급 그래프 (ggplot2)	• 그래프를 구성하는 요소(예 데이터, 기하 객체, 통계, 스케일 등)를 레이어별로 추가 • 복잡하고 세련된 시각화를 구현

❸ 변수

일반변수 (Original Variable)	• 수집된 원본 데이터를 그대로 사용하는 변수 • 데이터 분석에 사용될 수 있는 가장 기본적인 형태의 변수 예 개인의 키, 몸무게, 나이 등
요약변수 (Summary Variable)	• 여러 원본 데이터를 특정 기준에 따라 집계, 종합, 또는 요약한 변수 • 데이터의 특징을 한눈에 파악하거나, 분석에 필요한 정보를 간결하게 표현하기 위해 사용 예 어떤 상품의 총 구매 금액, 구매 횟수	특정 기간 동안의 총 매출액	단어의 빈도수
파생변수 (Derived Variable)	• 기존의 하나 또는 여러 변수에서 연산을 통해 새롭게 만들어진 변수 • 데이터의 특성을 왜곡 없이 반영하거나, 데이터의 분포를 조정하여 분석의 정확도를 높이기 위해 사용 예 몸무게와 키를 이용해 계산하는 비만도 지수, 연속형 변수에 log, exp 등의 스케일링을 적용한 변수, 특정 조건을 만족하는 데이터의 비율을 계산한 변수

SECTION 02 결측값 처리와 이상값 검색

🔍 결측값

❶ 정의
- 데이터 수집 과정에서 누락되거나 오류가 발생한 값
- R에서는 NA로 표현되며, 분석 전에 적절히 처리해야 함

❷ 확인
- 함수

is.na()	벡터나 데이터 프레임의 각 요소가 결측값인지 TRUE/FALSE로 반환
sum(is.na())	결측값의 총 개수를 파악할 수 있음
summary()	데이터 프레임의 각 변수별 결측값 개수 등을 요약하여 보여줌

- 예시

```
# 벡터 C1 생성
C1 <- c(1, 2, NA, NA, 5)

# C1에 결측값이 있는지 확인
is.na(C1)
# 출력: [1] FALSE FALSE TRUE TRUE FALSE

# C1의 결측값 총 개수 확인
sum(is.na(C1))
# 출력: [1] 2
```

```
# 데이터 프레임 df 생성
df <- data.frame(C1 = C1)

# df의 첫 번째 열에 결측값 여부 컬럼 추가
df$C1_NA <- is.na(df$C1)

df
# 출력:
    C1  C1_NA
1    1  FALSE
2    2  FALSE
3   NA   TRUE
4   NA   TRUE
5    5  FALSE
```

❸ 제거 및 대체

• 함수

na.omit()	결측값이 포함된 행 전체를 제거
na.rm TRUE 옵션	mean(), sum() 등 통계 함수를 사용할 때 결측값을 제외하고 계산
complete.cases()	결측값이 없는 행만 TRUE로 반환하므로, 이를 이용해 결측값이 없는 행을 선택할 수 있음
imputeTS 패키지	시계열 데이터의 결측값을 쉽게 처리할 수 있는 기능을 제공

• 예시

```
# 벡터 C1, C2 생성
C1 <- c(1, 2, NA, NA, 5)
C2 <- c(10, NA, 30, 40, NA)

# 데이터 프레임 data_with_na 생성
data_with_na <- data.frame(C1 = C1, C2 = C2)

# data_no_na에서 결측값 제거
data_no_na <- na.omit(data_with_na)

# C1, C2에서 결측값 제외 평균 계산
mean_C1 <- mean(C1, na.rm = TRUE)
mean_C2 <- mean(C2, na.rm = TRUE)

# C1에서 결측값 0으로 대체
C1[is.na(C1)] <- 0

# C2에서 결측값 C2 평균으로 대체
C2[is.na(C2)] <- mean_C2

data.frame(C1 = C1, C2 = C2)
# 출력:
  C1       C2
1  1 10.00000
2  2 26.66667
3  0 30.00000
4  0 40.00000
5  5 26.66667
```

Q 이상값

① 정의: 다른 데이터와는 크게 다른 패턴을 보이는 데이터로, 분석 결과에 왜곡을 초래할 수 있음

② 검색

시각화	상자 그림(Box Plot)이나 히스토그램(Histogram)을 통해 데이터의 분포를 파악하고 이상값을 시각적으로 확인
IQR(사분위 범위)	데이터의 1사분위수와 3사분위수를 기준으로 특정 범위를 벗어나는 값을 이상값으로 간주
Z-점수	데이터가 평균으로부터 얼마나 떨어져 있는지를 표준편차 단위로 측정하여 특정 임계값을 벗어나는 데이터를 이상값으로 판단
군집 기반 기법	LOF(Local Outlier Factor)와 같은 방법을 사용하여 주변 데이터와 밀도가 현저히 다른 데이터를 탐지

③ 처리

제거	이상값으로 판단된 데이터를 데이터셋에서 완전히 제거
대체	• 이상값으로 판단된 데이터를 데이터셋의 다른 값들로 대체 • 데이터의 평균값 또는 중앙값으로 이상값을 대체 • 이상값을 결측값으로 처리한 후, 결측값 처리 기법을 적용
유지	• 무조건 제거하거나 대체하지 않고, 해당 데이터를 그대로 유지 • 이상 현상 자체가 분석의 중요한 주제인 경우(예 특정 질병 환자의 건강 데이터 분석), 데이터를 보존하여 분석에 활용

제 3과목
데이터분석

SECTION 01 통계학 개론

🔍 통계학

❶ 정의

- 자료를 수집 → 정리 → 분석하여 불확실한 현상에 대한 과학적 추론 및 예측을 수행하는 학문
- 모집단으로부터 표본을 추출하여 그 특성을 파악하고, 이를 바탕으로 모집단 전체의 특성을 추정하는 과정

❷ 특징

과학적 의사결정	데이터 기반의 객관적 판단 지원
불확실성 관리	확률 이론을 기반으로 불확실성을 정량화하고 통제
탐색과 추론	기술통계(데이터 요약, 특성 파악) + 추론통계(표본을 통해 모집단 추론)

❸ 분류

구분	기술 통계(Descriptive Statistics)	추론 통계(Inferential Statistics)
개념	데이터의 특성을 요약, 정리, 시각화하는 방법	표본 데이터를 이용하여 모집단의 특성을 추론하는 방법
종류	평균, 분산, 중앙값 등이 포함	가설 검정, 추정 등이 포함

❹ 기법

모집단과 표본추출	전체 집단(모집단) 중 일부(표본)를 무작위 또는 층화 방식으로 추출
확률 이론	사건이 발생할 가능성을 수학적으로 계산하여 통계적 추론의 기반을 마련
기술 통계량 계산	평균, 중앙값, 최빈값, 표준편차 등을 계산하여 데이터의 특성을 파악

Q 모집단과 표본추출

❶ 모집단(Population): 연구 대상이 되는 전체 집단

❷ 표본(Sample)
- 표본: 모집단에서 추출한 일부 집단
- 표본의 크기: 표본에 포함된 자료의 개수
- 전수조사: 모집단 전체를 조사
- 표본조사: 표본을 조사

❸ 표본추출
- 목적: 모집단 전체를 조사하는 거 것은 시간과 비용이 많이 들기 때문에, 모집단을 잘 대표할 수 있는 표본을 추출하여 모집단의 특성을 파악하기 위함
- 방법
  - 확률적 표본추출(Probability Sampling): 모집단에 속하는 모든 개체가 표본으로 뽑힐 동등한 기회를 가지는 무작위적 방법

단순 무작위 추출	모집단의 모든 개체가 동등한 확률로 추출
계통 추출	목록에서 일정한 간격으로 추출
층화 추출	모집단을 몇 개의 동질적인 층으로 나누어 각 층에서 무작위로 추출
군집 추출	모집단을 몇 개의 동질적이지 않은 군집으로 나누고, 그중 일부 군집만을 무작위로 추출

  - 비확률적 표본추출(Non-probability Sampling): 연구자의 편의나 판단에 따라 표본을 추출하는 방법

Q 표본오차와 비표본오차

구분	표본오차(Sampling Error)	비표본오차(Non-Sampling Error)
정의	모집단 전체를 조사하지 않고 일부를 표본으로 추출하여 조사할 때 발생하는 오차	조사 과정의 실수로 발생
발생 원인	표본추출 과정 자체의 우연성이나 표본의 대표성 부족	• 조사 설계·과정: 설문지 작성 오류, 조사자의 착오, 무응답, 응답자나 연구자의 실수 등 • 자료 수집·분석: 자료 집계·분석 과정에서 발생하는 잘못된 해석, 불성실한 응답 등
특징	• 측정 가능하며, 표본 크기가 커질수록 감소하는 경향이 있음 • 전수조사에서는 발생하지 않음 • 측정 및 예측이 가능	• 측정이 어렵고, 표본의 크기가 커질수록 오히려 증가하는 경향이 있음 • 표본조사와 전수조사 모두에서 발생 가능하며, 전수조사에서도 나타날 수 있음 • 표본의 크기와 관계없이 발생할 수 있음

Q 자료의 측정 척도

1 자료의 측정 척도

명목척도 (Nominal Scale)	데이터를 서로 배타적인 범주로 분류하는 데 사용되며, 숫자 자체는 의미가 없음 예 성별(남/녀), 혈액형(A/B/O/AB), 직업 등
서열척도 (Ordinal Scale)	변수를 크기 순서대로 배열할 수 있지만, 범주 간에 얼마나 차이나는지는 알 수 없음 예 학력(초졸/중졸/고졸/대졸), 만족도(매우 불만족/불만족/보통/만족/매우 만족) 등
등간척도 (Interval Scale)	순서와 간격의 의미를 모두 가지므로, 범주 간의 차이가 일정한 간격으로 동일함 예 섭씨 온도, IQ 점수 등
비율척도 (Ratio Scale)	등간척도의 모든 특성에 더해 절대적인 0점의 의미를 가짐 예 키, 몸무게, 나이, 소득 등

2 측정 방법 선택

질적 변수	성별, 지역 등 계량화할 수 없는 변수에는 명목척도나 서열척도를 사용
양적 변수	키, 몸무게 등 수치로 표현되는 변수에는 등간척도나 비율척도를 사용

SECTION 02 기초 통계분석

Q 기초 통계분석

1 정의: 수집된 데이터를 요약하고 이해하기 위해 사용하는 통계적 방법

2 주요 분석 기법

기술통계분석	데이터의 중심 경향, 분포, 변동성 등을 파악 • 빈도분석: 데이터가 특정 값이나 범주에 얼마나 자주 나타나는지 분석 • 기술통계량: 평균, 중앙값, 최빈값 등 데이터의 중심 경향을 나타내는 값과 범위, 분산, 표준편차 등 데이터의 흩어진 정도를 나타내는 지표들을 계산
추론통계분석	표본을 통해 모집단의 특성을 추론 • 상관분석: 두 변수 간의 관계가 얼마나 강하고 어떤 방향인지 분석 • T-검정: 두 집단 간의 평균 차이가 통계적으로 유의미한지 비교 • ANOVA(분산분석): 세 집단 이상의 평균 차이를 비교할 때 사용

Q 기술통계분석

➊ 정의: 수집한 데이터를 요약하고 정리하여, 데이터의 특징을 파악하는 데 사용되는 기초적인 통계 기법

➋ 중심 경향 측정
- 중심 경향치: 데이터가 어떤 값에 집중되어 있는지를 나타내는 대표적인 값
- 평균, 중앙값, 최빈값을 그래프로 시각화하면 데이터의 분포와 중심 경향을 한눈에 파악 가능

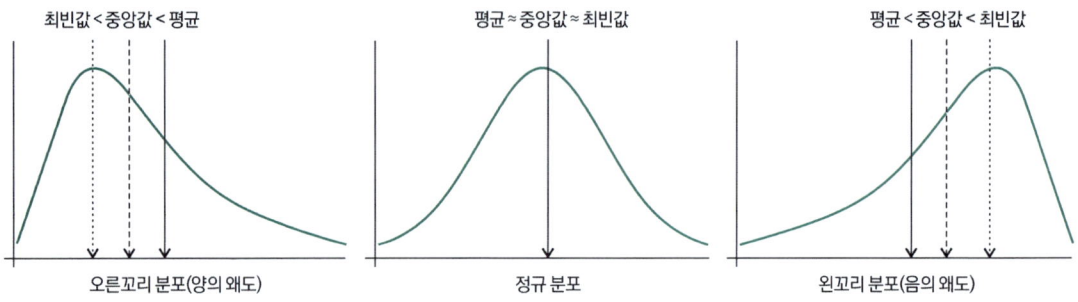

최빈값 < 중앙값 < 평균 　　　 평균 ≈ 중앙값 ≈ 최빈값 　　　 평균 < 중앙값 < 최빈값

오른꼬리 분포(양의 왜도) 　　　 정규 분포 　　　 왼꼬리 분포(음의 왜도)

구분	양의 치우침 (오른쪽 치우침)	정규분포(대칭)	음의 치우침 (왼쪽 치우침)
평균, 중앙값, 최빈값 위치	평균 > 중앙값 > 최빈값	평균 ≈ 중앙값 ≈ 최빈값	평균 < 중앙값 < 최빈값
설명	데이터의 꼬리가 오른쪽에서 길게 늘어짐(평균이 이상값에 의해 더 큰 값을 가짐)	그래프의 중심에서 세 값이 모두 일치	데이터의 꼬리가 왼쪽에 길게 늘어짐(평균이 이상값에 의해 더 작은 값을 가짐)

- 주요 지표

구분	개념	특징
평균 (Mean)	• 모든 값을 더해 개수로 나눈 값 • 가장 흔하게 사용되는 대표값	극단적인 값(이상값)에 민감하게 영향을 받음
중앙값 (Median)	크기 순서대로 정렬했을 때 가장 중앙에 위치하는 값	이상값에 영향을 덜 받음
최빈값 (Mode)	가장 자주 나타나는 값	명목척도(예 선호하는 색상)와 같이 서열을 매길 수 없는 데이터에 유용함

❸ 변동성 측정: 데이터가 얼마나 넓게 퍼져 있는지를 나타내는 지표

분산 (Variance)	• 각 데이터가 평균에서 얼마나 떨어져 있는지(편차)를 제곱하여 평균을 낸 값 • 데이터가 평균 주위에 얼마나 밀집해 있는지 보여줌
표준편차 (Standard Deviation)	• 분산에 제곱근을 취한 값으로, 데이터가 평균으로부터 얼마나 퍼져 있는지를 나타냄 • 데이터의 척도와 동일한 단위를 사용하므로 분산보다 해석이 더 직관적임
범위 (Range)	• 데이터의 최댓값에서 최솟값을 뺀 값 • 데이터의 전체적인 퍼짐 정도를 간단하게 파악할 수 있음
사분위수 범위 (Interquartile Range, IQR)	• 데이터를 4등분했을 때 3사분위수(75%)와 1사분위수(25%)의 차이 • 데이터의 중간 50%가 얼마나 퍼져 있는지를 나타내며, 이상값의 영향을 덜 받음

❹ 분포 형태 측정: 데이터의 분포 모양을 파악하는 데 사용

왜도 (Skewness)	데이터 분포의 비대칭성을 나타내는 지표 • 양(+)의 왜도: 오른쪽으로 긴 꼬리, 데이터가 왼쪽에 치우쳐 있음 • 음(−)의 왜도: 왼쪽으로 긴 꼬리, 데이터가 오른쪽에 치우쳐 있음
첨도 (Kurtosis)	데이터 분포의 뾰족한 정도를 나타내는 지표 • 첨도가 높을수록: 분포가 더 뾰족하고 꼬리가 두꺼워짐 • 첨도가 낮을수록: 분포가 더 완만하고 꼬리가 얇아짐

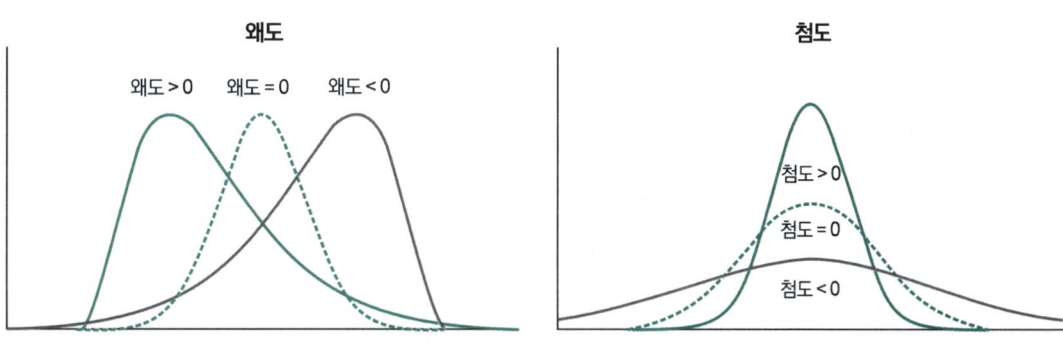

❺ 기법: 통계량을 계산하고 시각화하여 데이터의 특성을 파악하는 다양한 기법

빈도 분석	• 특정 범주에 속하는 데이터의 개수(빈도)와 비율을 파악 • 결과: 빈도표, 막대그래프
기술통계량 산출	• 평균, 중앙값, 표준편차 등 핵심 통계량을 표 형태로 요약 • 결과: 기술통계량 표
데이터 시각화	데이터를 시각적으로 표현하여 한눈에 이해할 수 있도록 도움
히스토그램 (Histogram)	연속형 변수의 분포를 막대그래프로 나타냄
상자 그림 (Box Plot)	중앙값, 사분위수, 이상값 등을 시각적으로 보여줌
산점도 (Scatter Plot)	두 변수 간의 관계를 시각화함

🔍 추론통계분석

① 정의
- 표본 데이터를 분석하여 모집단의 특성을 추정하거나 가설을 검정하는 통계 기법으로 추정과 가설검정으로 분류
- 분석 대상이나 데이터의 종류, 연구 목적에 따라 사용하는 분석 기법이 달라짐

② 추정(Estimation): 표본의 통계량(예 표본 평균)을 사용하여 모집단의 모수(예 모집단 평균)를 추측하는 기법

구분	점 추정	구간 추정(신뢰구간)
개념	모집단 모수를 하나의 값으로 추정	모집단 모수가 포함될 확률이 높은 구간 추정
예시	표본 평균 계산 → 모집단 평균으로 추정	95% 신뢰구간 → 모수가 이 구간 안에 포함될 확률이 95%라는 의미

③ 가설검정
- 정의
  - 표본 데이터를 바탕으로 모집단에 대한 주장(가설)이 타당한지 통계적으로 판단하는 과정
  - 서로 반대되는 두 가설, 즉 '기존 사실'인 귀무가설과 '새로운 주장'인 대립가설을 설정하고, 표본을 분석하여 귀무가설이 맞을 가능성이 낮을 경우 이를 기각하고 대립가설을 채택

귀무가설(H_0)	기존의 믿음 또는 아무런 변화가 없다는 주장을 의미 예 "남성과 여성의 평균 키가 같다"라는 주장
대립가설(H_1)	연구자가 입증하고자 하는, 귀무가설과 반대되는 주장을 의미 예 "남성의 평균 키가 여성보다 크다"라는 주장

예 한 제약회사에서 새로운 약이 효과가 있는지 알고 싶다는 가정

귀무가설	새 약은 기존 약과 효과가 같음
대립가설	새 약이 기존 약보다 효과가 더 좋음
검정	환자들을 두 그룹으로 나누어 한쪽에는 새 약을, 다른 쪽에는 기존 약을 투여한 후, 두 약의 효과를 표본 데이터로 분석하여 귀무가설을 기각할 만한 충분한 증거가 있는지 판단

- 절차

표본 추출 및 데이터 분석	▶	검정 통계량 계산	▶	p-value 계산	▶	유의수준 결정	▶	결론(의사결정)
• 모집단에서 표본 데이터 추출·수집		• 수집된 표본 데이터 바탕으로 검정 통계량 계산 • 귀무가설이 옳다는 가정하에 표본 결과가 얼마나 가능성 있는 결과인지 측정		• 검정 통계량이 나타날 확률인 p-value(유의확률) 계산		• 미리 정해놓은 특정 유의수준과 p-value 비교		• 귀무가설 기각 또는 채택

의사결정 기준

- p-value < 유의수준: 귀무가설이 옳다고 가정했을 때, 얻어진 표본 결과가 나타날 확률이 매우 낮으므로, 귀무가설을 기각하고 대립가설을 채택
- p-value ≥ 유의수준: 귀무가설이 옳다고 가정하더라도 표본 결과가 나타날 가능성이 충분히 있으므로, 귀무가설을 기각할 충분한 증거가 없다고 판단하여 귀무가설을 채택(또는 기각하지 않음)

- 1종 오류 vs 2종 오류
  - 비교

구분	1종 오류	2종 오류
정의	귀무가설이 참이지만, 기각하는 오류	귀무가설이 거짓인데도 기각하지 못하는 오류
비유	실제로는 병이 없는데(귀무가설 참), 병이 있다고 잘못 진단하는 경우	실제로는 병이 있는데, 병이 없다고 잘못 진단하는 경우
관련 용어	알파(α) 오류, 유의 수준, 기각 오류	베타(β) 오류, 채택 오류
발생 조건	표본의 우연한 특성으로 인해 귀무가설이 기각되는 경우 발생	귀무가설이 실제로 거짓임에도 이를 탐지하지 못해 기각하지 못하는 경우

  - 두 오류의 관계

상호보완적 관계	한쪽 오류의 확률을 낮추면 다른 쪽 오류의 확률이 높아짐
균형점 찾기	연구에서는 이 두 오류 사이에서 적절한 균형점을 찾는 것이 중요함
샘플 크기의 영향	샘플 크기를 늘리면 두 오류의 확률을 동시에 줄일 수 있음

❹ 모수적 방법과 비모수적 방법
- 정의: 가설검정은 표본 데이터를 기반으로 연구 가설의 진위를 검증하는 기법으로 데이터의 분포 특성에 따라 모수적 방법과 비모수적 방법이 있음
- 종류
  - 모수적 방법(Parametric Methods): 데이터가 특정 분포(주로 정규분포)를 따른다는 가정을 전제로 분석하는 기법

t 검정	두 집단의 평균 차이를 비교 • 단일 표본 t-검정: 표본의 평균이 특정 값과 같은지 비교 • 독립 표본 t-검정: 서로 다른 두 집단의 평균을 비교 • 대응 표본 t-검정: 동일한 집단에 대한 두 시점의 평균을 비교
분산분석 (ANOVA)	세 개 이상의 집단 간 평균 차이를 비교 • 일원 분산분석: 하나의 독립변수(집단)가 종속변수에 미치는 영향을 분석 • 이원 분산분석: 두 개 이상의 독립변수(집단)가 종속변수에 미치는 영향을 분석
상관분석	두 변수 간의 선형적 관계의 강도와 방향을 분석
회귀분석	독립변수가 종속변수에 미치는 영향력을 분석하고 예측

– 비모수적 방법(Nonparametric Methods): 데이터가 특정 분포를 따르지 않는 경우에 사용되는 기법으로, 데이터의 순위나 부호 등을 활용

윌콕슨 부호-순위 검정	대응 표본 t-검정의 비모수 버전
맨-휘트니 U 검정	독립 표본 t-검정의 비모수 버전
크루스칼-왈리스 검정	일원 분산분석(ANOVA)의 비모수 버전
카이제곱(x^2) 검정	범주형 데이터 간의 연관성을 분석

Q 확률과 확률변수

❶ 확률(Probability)
• 정의: 어떤 사건이 발생할 가능성을 숫자로 표현한 것

개연성	일정한 조건 아래에서 어떤 사건이 일어날 가능성의 정도
수치화	• 0과 1 사이 → 일어날 가능성의 크기 • 0 → 절대 일어나지 않는 사건 • 1 → 반드시 일어나는 사건

• 종류

구분	수학적 확률	경험적(통계적) 확률
개념	이론적으로 모든 결과가 동등하게 일어날 때, 특정 사건이 일어날 가능성을 전체 가능한 결과 수로 나누어 계산	실제 실험이나 관찰을 여러 번 반복하여 특정 사건이 발생한 횟수를 전체 실험 횟수로 나누어 계산
예시	동전을 던져 앞면이 나올 확률 = 1/2	100명의 아기 중 48명이 남아라면 남아가 태어날 확률 = 48/100

❷ 확률변수(Random Variable)
• 정의: 확률실험에서 나타날 수 있는 여러 결과에 각각의 값을 부여하는 함수로, 사건의 결과를 숫자로 표현하여 통계적 분석을 용이하게 함
• 기본 개념

확률실험	동전 던지기, 주사위 던지기 등 어떤 결과를 예측하기 어려운 실험
표본공간	확률실험의 가능한 모든 결과들의 집합
함수	확률변수는 표본공간의 각 원소(실험 결과)를 실수(숫자)에 대응시키는 함수

예 주사위 던지기: 주사위를 던져 나오는 눈의 수는 1, 2, 3, 4, 5, 6이 될 수 있으며, 이 '눈의 수' 자체가 확률변수이고, 각 눈의 수는 1/6의 확률을 가짐

동전 던지기: 동전을 두 번 던질 때 앞면이 나오는 횟수를 확률변수 X
표본공간: (앞, 앞), (앞, 뒤), (뒤, 앞), (뒤, 뒤)
확률변수 X의 값: 2(앞면 2번) | 1(앞면 1번) | 0(앞면 0번)

- 종류

구분	이산확률변수	연속확률변수
개념	확률변수가 가질 수 있는 값이 유한하거나 셀 수 있는 경우	확률변수가 특정 구간 내의 모든 실수값을 가질 수 있는 경우
예시	주사위 눈의 수, 동전 던지기에서 앞면이 나오는 횟수	키, 몸무게, 어떤 구간 내의 모든 값

- 기댓값과 분산

구분	의미	계산식
기댓값(E[X])	• 확률변수가 평균적으로 가질 것으로 기대되는 값 • 각 가능한 값에 그 값이 나올 확률을 모두 곱하여 모두 더한 값	$E[X] = \sum_i x_i p_i$
분산(Var(X))	• 각 값이 기댓값으로부터 얼마나 떨어져 있는지 나타내는 지표 • (값 − 기댓값)² 에 확률을 곱하여 모두 더한 값	$Var(X) = E[X^2] - (E[X])^2$

❸ 표본분포
- 정의: 모집단의 분포 그 자체가 아니라, 표본에서 계산되는 '표본통계량'의 분포
- 특징

가상적인 분포	동일한 모집단에서 수많은 표본을 반복적으로 추출하여 그 통계량들의 분포를 만들지만, 실제로 그렇게 하기는 어렵기 때문에 이론적으로만 존재
표본평균의 분포	동일한 모집단에서 동일한 크기의 표본을 반복하여 표본평균을 구했을 때, 이 표본평균들의 분포를 의미
중심 극한 정리 (Central Limit Theorem)	표본 크기(n)가 충분히 커지면(일반적으로 30 이상), 모집단의 분포 형태와 상관없이 표본평균의 분포는 평균이 모평균과 같고, 분산이 모분산을 표본 크기로 나눈 값인 정규분포에 가까워짐

Q 확률분포(Probability Distribution)

❶ 정의
- 확률변수가 특정 값을 가질 확률이 어떻게 분포되어 있는지를 보여주는 함수 또는 표, 그래프 등
- 확률변수의 모든 가능한 값과 해당 값이 나타날 확률의 관계를 명확히 설명

❷ 이산확률분포와 연속확률분포

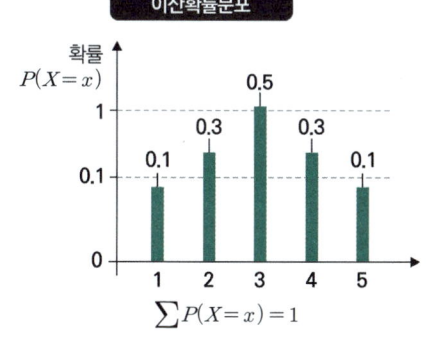

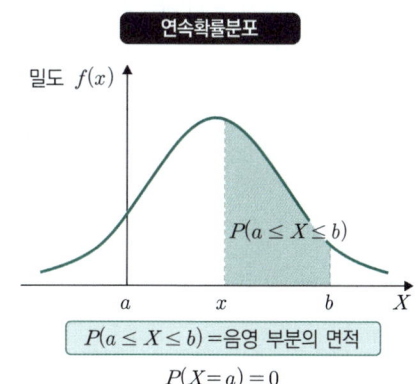

구분	이산확률분포	연속확률분포
정의	확률변수가 특정하고 셀 수 있는 값을 가질 때의 분포	확률변수가 실수 구간 내의 셀 수 없는 값을 가질 때의 분포
특징	확률변수의 모든 가능한 값에 대해 그 값이 나타날 확률이 정의됨	특정 값 자체가 발생할 확률은 0이며, 특정 구간에 속할 확률을 계산
예시	주사위 던지기에서 나오는 눈의 수(1, 2, 3, 4, 5, 6), 동전 던지기 횟수 등	키, 몸무게, 온도처럼 정해진 범위 내의 어떤 값이든 가질 수 있는 경우
표현 방식	확률질량함수(PMF, Probability Mass Function)를 이용하여 분포를 표현	확률밀도함수(PDF, Probability Density Function)를 이용하여 분포를 표현
종류	베르누이분포, 이항분포, 포아송분포 등	정규분포, 균등분포(연속) 등

Q 이산확률분포

❶ 이항분포
- 특정 확률(p)을 가진 베르누이 시행을 n번 독립적으로 반복했을 때, 성공하는 횟수(X)에 대한 확률분포
- 가로는 B(n, p)로, n은 시행 횟수, p는 각 시행의 성공확률
- [예] 동전을 여러 번 던질 때 앞면이 나오는 횟수 또는 특정 조건에서 제품이 불량품일 확률

❷ 베르누이분포
- 단 한 번의 시행에서 성공(1) 또는 실패(0) 두 가지 결과만 나오는 경우의 확률분포
- 성공 확률: p, 실패 확률: 1-p
- [예] 동전 던지기나 불량품 검사와 같이 두 가지 결과 중 하나만 선택되는 상황

❸ 포아송분포
- 일정 시간, 공간, 부피 등에서 사건이 발생하는 횟수를 나타내는 확률분포
- 사건들은 서로 독립적
- 사건 발생 횟수는 0, 1, 2, 3 …과 같이 셀 수 있는 정수(이산 변수)로 나타남
- 평균 발생 횟수를 의미하는 λ라는 모수 하나로 정의
- [예] 콜센터로 1분동안 들어오는 전화 건수

❹ 기하분포
- 성공 확률이 일정하게 유지되는 독립적인 베르누이 시행에서 처음으로 성공하기까지 걸리는 시행 횟수를 나타내는 확률분포
- 각 시행은 이전 또는 다음 시행의 결과에 영향을 받지 않음
- [예] 주사위를 던져 6이 나올 때까지 필요한 횟수

Q 연속확률분포

1 정규분포
- 평균을 중심으로 좌우 대칭인 종 모양, 평균에서 멀어질수록 데이터 빈도가 줄어드는 확률분포
- 평균에 가장 많은 빈도수가 몰려 있고, 평균에서 멀어질수록 빈도수가 줄어들어 X축에 접근
- 키나 몸무게, 시험 점수 등 자연·사회 현상에서 나타나는 많은 데이터가 정규분포를 따르며, 통계학에서 매우 중요한 역할
- 표준정규분포: 평균이 0이고 표준편차가 1인 정규분포

2 균일분포
- 특정 구간 내의 모든 값이 발생할 가능성이 동일한 확률분포
- 이산적인 상황이나, 연속적인 상황에서 사용
- 베이지안 통계에서 특정 값에 대한 사전 정보가 없을 때 무정보 사전분포로 사용되기도 함
- 이산균일분포: 주사위나 동전 던지기처럼 셀 수 있는 값들(예 1, 2, 3, 4, 5, 6)에 대해 적용
- 연속균일분포: 주어진 구간 내의 모든 실수값들이 동일한 확률 밀도를 가지는 경우

3 지수분포
- 포아송분포를 따르는 사건들 사이의 대기 시간을 모델링하는 확률분포
- 어떤 사건이 발생할 때까지 걸리는 시간 또는 한 사건이 발생한 후 다음 사건이 발생하기까지의 간격
- 사건들은 독립적이고 일정 시간동안 발생 횟수 일정
  예 시스템의 고장률이 일정할 때, 두 고장 사이의 시간은 지수분포를 따름

4 감마분포
- 두 개의 모수인 형상모수(α)와 척도모수(β)를 가진 연속확률분포로, 특정 사건이 k번 발생할 때까지 걸리는 총 시간을 나타냄
- 지수분포를 일반화한 형태
- 형상모수(α): 분포의 전반적인 형태 결정, α값이 커질수록 분포는 더 뾰족해지고 오른쪽으로 늘어나는 경향을 보임
- 척도모수(β): 분포의 퍼짐 정도 조절, 척도모수가 클수록 분포의 평균값은 증가하고 퍼짐도 커짐

5 t-분포
- 모집단의 표준편차를 모를 때 표본 정보를 바탕으로 모집단의 평균을 추정하거나 가설을 검정할 때 사용하는 확률분포
- 표준정규분포와 마찬가지로 평균이 0이고 종 모양의 대칭적인 형태로, 양쪽 꼬리가 더 두꺼움
- 표본 크기가 커질수록 자유도가 커져 t-분포의 모양은 표준정규분포에 가까워짐
- 표본 크기가 30 이상이면 t-분포가 표준정규분포에 근접한 것으로 간주

6 F-분포
- 두 정규 모집단에서 추출한 표본들의 분산 비율이 따르는 연속확률분포
- 오른쪽으로 약간 치우쳐진(왜도) 형태를 가지며, 두 개의 자유도(분자 자유도 v1, 분모 자유도 v2)에 의해 모양이 결정됨
- 두 집단의 분산이 동일한지 비교하는 F-검정과 여러 집단의 분산을 비교하는 분산분석(ANOVA)에 주로 사용

⑦ 카이제곱분포
- k개의 독립적인 표준정규분포 확률변수를 제곱하여 합한 값의 분포로, 자유도(k)에 따라 그 모양이 달라짐
- 특정 모집단의 분산이 어떤 값과 같은지, 또는 분산의 범위를 추정하는 데 사용
- 카이제곱 적합도 검정과 카이제곱 독립성 검정에서 사용

SECTION 03 다변량 분석

Q 개요

❶ 정의: 두 개 이상의 변수 간의 관계를 동시에 분석하여 그 구조를 파악하고 예측하는 통계적 방법

❷ 주요 목적

변수 간 연관성 파악	여러 변수들이 서로 어떤 관계를 맺고 있는지 파악
종속변수 예측	여러 독립변수들의 조합이 종속변수에 미치는 영향을 분석하여 미래 값을 예측
변수 축소	다수의 변수를 소수의 잠재요인으로 추출하여 데이터의 차원을 줄이고 효율성을 높임
집단 분류	변수들의 유사성을 기반으로 유사한 특성을 가진 집단들을 그룹화함

❸ 주요 특징

종합적 관계 파악	여러 변수의 상호작용을 동시에 고려하여 종속변수에 영향을 미치는 여러 독립변수의 영향을 다차원적으로 분석
복잡한 구조 이해	데이터에 숨겨진 패턴이나 그룹을 발견하는 데 유용
변수 간 통제	여러 요인이 혼재된 상황에서 특정 변수의 영향을 통제하며 분석할 수 있음

Q 종류

❶ 다중회귀분석(Multiple Regression Analysis)
- 정의: 하나의 종속변수(결과변수)에 영향을 미치는 여러 독립변수(원인변수)들의 관계를 파악하고, 각 독립변수가 종속변수에 미치는 영향의 정도와 통계적 유의성을 분석하는 통계기법
- 핵심 개념

독립변수 (설명변수)	• 종속변수에 영향을 주는 변수 • 독립변수가 2개 이상일 때 다중회귀분석이라고 함
종속변수 (결과변수)	독립변수들에 의해 영향을 받는 변수로, 분석에서 변하는 하나의 변수를 말함
회귀계수(β)	각 독립변수가 종속변수에 미치는 영향의 크기와 방향을 나타내는 값
회귀모형	$Y = \beta_0 + \beta_1 X_1 + \beta_2 X_2 + \cdots + \varepsilon$ (Y: 종속변수, X: 독립변수, β: 회귀계수, ε: 오차 항)

❷ 요인 분석(Factor Analysis)
- 정의: 관찰된 여러 변수 사이의 상관관계를 바탕으로, 그 안에 숨어있는 소수의 잠재요인(또는 변수)을 추출하여 데이터의 차원을 줄이고 변수 구조를 파악하는 통계 기법
- 주요 특징

변수 축소 및 차원 감소	다수의 변수들을 소수의 요인으로 압축하여 데이터의 복잡성 축소
잠재 구조 발견	관찰된 변수들 간의 관계 속에서 의미 있는 잠재적 요인(인자) 발견
변수 간 관계 파악	어떤 변수들이 동일한 개념이나 특성을 공유하는지 파악하여 변수의 묶음을 확인
측정 항목의 타당성 평가	설문조사 등에서 측정 항목들이 의도된 개념을 잘 측정하고 있는지 검토하는 데 사용

- 핵심 개념

공통 요인	여러 변수들에 공통적으로 영향을 주는 요인
고유 요인	해당 변수에만 고유하게 영향을 주는 요인으로, 공통 요인에 의해 설명되지 않는 부분
요인 적재량	특정 변수가 어떤 요인에 얼마나 강하게 영향을 주는지를 나타내는 값
공통성	특정 변수가 공통 요인에 의해 얼마나 설명되는지를 나타내는 값

❸ 군집분석(Cluster Analysis)
- 정의
  - 여러 변수를 기준으로 유사한 특성을 가진 개체들을 그룹화하는 것으로, 유사한 속성을 가진 개체들을 그룹(군집)으로 묶는 비지도 머신러닝 통계 기법
  - 군집 내 개체들의 유사성은 최대화하고, 군집 간의 이질성은 최소화하는 것이 목표
- 주요 특징

비지도 학습	정답(레이블)이 없는 데이터에서 패턴을 찾아냄
유사성 기반	데이터 간의 유사성을 측정하는 척도(예 거리)를 사용
탐색적 데이터 분석	데이터의 숨겨진 구조나 패턴을 발견하는 데 사용
구조적 이해	군집의 특성을 파악하여 전체 데이터의 의미를 이해
다양한 활용	고객 세분화, 문서 분류, 이상징후, 탐지 등

- 종류

계층적 군집화	• 데이터를 합치거나(응집) 나누어가며(분할) 계층적인 군집구조를 생성 • 각 군집이 다른 하위 군집들을 포함하는 구조를 형성
비계층적 군집화	• 서로 계층적 관계가 없는 여러 개의 독립적인 군집을 생성 • K-평균 군집화(K-Means Clustering): 사용자가 미리 정한 군집 수(K)에 따라 데이터를 그룹화하는 것으로, 가장 대표적 방법 • 밀도 기반 군집화: 데이터의 밀도가 높은 영역을 군집으로 묶음

❹ 다변량 분산분석(MANOVA)

- 정의: 두 개 이상의 종속변수(반응변수)가 있을 때, 독립변수(집단)에 따라 종속변수들의 평균 벡터가 서로 다르다는 가설을 검정하는 통계 기법
- ANOVA(분산분석) vs MANOVA(다변량 분산분석)

구분	ANOVA	MANOVA
종속변수 수	1개	2개 이상
고려	개별 평균 차이	평균 벡터 차이
장점	단순함	종속변수 간 상관관계가 있다면 더 강력하고 유용함

- 주요 특징 및 목적

다수의 종속변수	두 개 이상의 종속변수를 동시에 고려
평균 벡터 비교	집단 간 평균뿐만 아니라, 여러 종속변수들의 가중치 조합인 '평균 벡터'를 비교
집단 간 차이 검정	독립변수(범주형)가 두 개 이상의 종속변수에 미치는 영향을 동시에 검정
더 강력한 검정	종속변수 간의 상관관계를 고려하여 개별 ANOVA보다 통계적으로 더 신뢰할 수 있는 결과 제공
전체 검정	윌크스 람다(Wilks' Lambda)와 같은 통계치를 사용하여 종속변수들의 평균 벡터에 집단 간 유의미한 차이가 있는지 전반적으로 검정
후속 분석	• 전체 검정에서 유의미한 결과가 나오면, 종속변수별로 개별 ANOVA를 실시하여 어느 종속변수에서 차이가 발생했는지 파악 가능 • 이 과정에서 보정된 유의수준(예 본페로니 보정)을 적용하여 통계적 오류 제어

❺ 활용 예시

활용 분야	마케팅, 의학, 경제 등 다양한 분야에서 사용
예시	• 신제품 판매 예측: 제품 가격, 광고비, 경쟁사 제품 가격 등 여러 변수가 신제품의 판매량에 미치는 영향을 다중회귀분석으로 예측 • 고객 세분화: 고객의 연령, 소득, 구매 이력 등 여러 변수를 활용하여 유사한 특성을 가진 고객 집단(예 VIP, 일반 등)을 군집분석으로 분류

Q 개요

❶ 정의: 시간의 흐름에 따라 순차적으로 기록된 데이터(시계열 데이터)를 분석하여 미래의 값을 예측하는 통계적 또는 머신러닝 기법

❷ 특징
- 시간 의존성: 데이터 순서와 시간적 특성(예 추세, 계절성, 주기 등)이 중요하게 고려됨
- 패턴 분석: 과거 데이터의 패턴을 파악하고 이를 기반으로 미래를 예측

❸ 목표 및 활용
- 미래 예측: 시간 흐름에 따른 데이터의 패턴, 추세, 계절성을 파악하여 미래 값을 예측
- 비즈니스 의사결정 지원: 수요 예측을 통한 재고관리, 상품 가격 예측을 통한 재무계획 수립, 공급망 최적화 등 다양한 분야에서 활용

Q 시계열 예측 모델의 종류

❶ 통계 기반 모델

시계열 분해 모델	추세, 계절성, 잔차 등 시계열 데이터를 구성하는 요소로 분해하여 분석하는 방법
지수평활법	과거 데이터에 가중치를 부여하여 예측값을 계산하는 방법
이동평균	특정 기간의 평균을 계산하여 미래를 예측하는 간단한 방법
VAR 모델	여러 변수의 시계열 데이터가 서로에게 미치는 영향을 동시에 고려하여 예측
Prophet	Facebook에서 개발한 시계열 예측 모델로, 계절성과 공휴일 효과를 잘 처리함
AR(Autoregressive) 모델	과거 관측값들을 이용하여 미래 값을 예측
MA(Moving Average) 모델	과거 예측 오차를 이용하여 미래 값을 예측
ARMA(Autoregressive Moving Average) 모델	AR과 MA 모델을 결합한 모델
ARIMA(Autoregressive Integrated Moving Average) 모델	비정상 시계열에 대해 d차 차분을 적용하여 정상성을 확보하려 시도한 후, 차분된 시계열이 ARMA(p, q) 구조를 따른다고 가정하는 전통적인 통계적 시계열 모델

❷ 딥러닝 기반 기법

순환 신경망(RNN)	노드들을 연결하여 시퀀스(연속적인) 데이터를 처리하는 데 사용
LSTM(Long Short-Term Memory) 모델	• RNN의 장기 의존성 문제를 해결하기 위해 설계됨 • 정보를 기억하거나 망각하는 게이트 구조를 가지고 있음
트랜스포머 모델	시계열 데이터의 장기적인 의존성을 효과적으로 학습하는 데 널리 활용되는 모델
GRU(Gated Recurrent Unit)	LSTM과 유사한 딥러닝 모델로, 순차 데이터 처리 성능이 뛰어남

❸ 활용 예시

주가 예측	과거 주가 변동 데이터를 분석하여 미래 주가를 예측
상품 수요 예측	과거 판매량 데이터를 바탕으로 향후 특정 상품의 수요를 예측하여 재고관리에 활용
날씨 예측	과거 기온, 강수량 등 기상 데이터를 분석하여 미래 날씨를 예측

CHAPTER 08 | 정형 데이터 마이닝

제 3과목
데이터분석

SECTION 01 | 데이터 마이닝 개요

Q 데이터 마이닝

❶ 정의

- 대규모 데이터 세트에서 의미 있는 패턴, 규칙, 상관관계 등을 발견하여 기업의 의사결정에 활용하는 일련의 과정
- 원시 데이터를 실용적인 지식으로 변환하는 컴퓨터 기반의 분석 기법
- 머신러닝, 통계, 데이터베이스 기술이 결합된 학제 간 분야

❷ 특성

대용량 데이터 처리	방대한 양의 데이터를 다루며, 컴퓨터 중심의 기법을 활용하여 효율적인 분석을 수행
미래 예측 지향	과거 데이터에 대한 설명보다는 미래를 예측하고 설명할 수 있는 모델 구축에 초점
자동화 및 반자동화	의미 있는 패턴과 규칙을 발견하기 위해 알고리즘을 활용한 자동화 또는 반자동화된 도구를 사용
새로운 지식 발견	데이터 안에 숨겨져 있던, 이전에는 알지 못했던 지식이나 통찰력을 추출하는 것이 목표
실용적 의사결정 지원	복잡한 데이터를 분석하여 얻은 실용적인 지식을 바탕으로 비즈니스 인텔리전스(BI) 등 의사결정 과정을 지원
통계 및 머신러닝 기반	통계적 방법론과 머신러닝 알고리즘을 결합하여 데이터 분석의 정확성과 효율성을 높임

❸ 주요 과정

목표 설정	데이터 분석을 통해 달성하고자 하는 구체적인 목표를 정의
데이터 선택 및 준비	분석 목표에 적합한 데이터 선별, 데이터 오류 제거 및 필요한 형태로 가공
패턴 마이닝 (모델 구축)	머신러닝 알고리즘과 통계적 기법을 활용하여 데이터에서 패턴과 관계를 추출
결과 평가	추출된 패턴과 지식이 얼마나 유용한지, 목표에 부합하는지를 평가하고 해석

❹ 주요 기능: 데이터를 탐색하고, 패턴을 발견하며, 미래를 예측하는 데 중점을 둠

구분	개념	대표 활용
분류 (Classification)	데이터의 특성을 기반으로 미리 정의된 범주에 분류	스팸 메일 필터링, 신용위험 평가 등
예측 (Prediction)	현재 데이터를 바탕으로 미래의 가치나 행동을 예측	고객의 구매 행동 예측, 질병 발병률 분석 등
군집화 (Clustering)	유사한 특성을 가진 데이터들을 그룹으로 묶음	고객을 세분화하여 맞춤형 마케팅 전략을 수립
연관성 (Association)	데이터 항목 간의 숨겨진 연관 규칙을 발견	고객이 함께 구매하는 상품들을 찾아내 추천(장바구니 분석)
시계열 분석 (Time Series Analysis)	일정 시간 간격으로 관찰된 데이터의 패턴을 분석하여 미래의 추세를 예측	매출, 수요, 주가 예측
이상 탐지 (Anomaly Detection)	정상 패턴에서 벗어나는 이상값을 탐지	사기 거래 탐지, 이상 신호 감지

SECTION 02 분류분석(Classification)

Q 개요

❶ 정의: 지도학습(Supervised Learning) 기법 중 하나로, 데이터를 미리 정의된 그룹(범주)으로 나누고, 새로운 데이터가 주어졌을 때 어느 범주에 속할지 예측하는 머신러닝 기법

❷ 주요 특징

미리 정의된 그룹	군집분석과 달리, 분석 전에 각 그룹(범주)이 명확하게 정의되어 있음
지도학습	• 정답(레이블)이 지정된 훈련 데이터를 사용하여 학습 • 이 과정을 통해 모델은 데이터의 특징과 해당 범주 간의 관계를 파악
범주형 출력	예측 결과가 연속적인 값이 아니라, 미리 정해진 이산적인 범주(예 스팸/스팸 아님, 정상/사기)로 나타남
새로운 데이터 예측	학습된 모델을 통해 정답(레이블)이 없는 새로운 데이터의 범주를 예측

❸ 종류

로지스틱 회귀분석	범주형 변수의 확률을 예측하는 데 사용
의사결정나무	나무 구조를 이용하여 데이터를 계층적으로 분류
인공신경망	인간의 신경망을 모방하여 복잡한 패턴을 학습하고 분류
서포트 벡터 머신(SVM)	데이터를 가장 잘 나누는 최적의 경계를 찾는 알고리즘
K-최근접 이웃(KNN)	새로운 데이터 주변의 K개 이웃을 기반으로 분류

❹ 예시
- 이메일 분류: 이메일을 '스팸' 또는 '스팸 아님'으로 분류
- 금융사기 탐지: 신용카드 거래가 '정상'인지 '사기'인지 예측
- 고객 분류: 고객의 구매 행동 데이터를 기반으로 특정 마케팅 캠페인에 반응할 가능성이 높은 고객 그룹을 분류
- 질병 진단: 환자의 증상 데이터를 바탕으로 특정 질병의 '양성' 또는 '음성' 여부 진단

❺ 군집분석과의 차이점

구분	분류분석	군집분석
학습 유형	지도학습	비지도학습
정답(레이블) 존재 여부	있음(정답이 있는 데이터로 학습)	없음(정답 없이 구조 파악)
범주 상태	• 미리 정의된 범주 있음 • 데이터가 어느 범주에 속할지 예측	• 미리 정해진 범주 없음 • 데이터 간 유사성을 기반으로 여러 그룹으로 나눔

🔍 분류 성능 지표

❶ 혼동 행렬(Confusion Matrix)
- 정의 및 특징
  - 분류 모델의 성능을 평가하는 기본 도구
  - 실제 클래스와 모델이 예측한 클래스의 일치 여부를 표로 나타냄
  - 혼동 행렬의 각 셀 값(True Positive, False Positive, True Negative, False Negative)을 이용하여 아래의 성능 지표들을 계산

예측

		긍정(Positive)	부정(Negative)	
현실	긍정 (Positive)	참긍정 (TP; True Positive)	거짓부정 (FN; False Negative) Type II Error	재현율(Recall), 민감도(Sensitivity) $\dfrac{TP}{TP+FN}$
	부정 (Negative)	거짓긍정 (FP; False Positive) Type 1 Error	참부정 (TN; True Negative)	특이도(Specificity) $\dfrac{TN}{TN+FP}$
		정밀도(Precision) $\dfrac{TP}{TP+FP}$	음성예측도 (Negative Predictive Value) $\dfrac{TN}{TN+FN}$	정확도(Accuracy) $\dfrac{TP+TN}{TP+TN+FP+FN}$

- 정확도(Accuracy)
  - 정의: 전체 샘플 중 모델이 올바르게 예측한 샘플의 비율로, 모델의 전반적인 성능을 나타내지만 클래스 분포가 불균형하면 정확한 평가 지표가 아닐 수 있음
  - 계산 방법: $\dfrac{TP + TN}{TP + TN + FP + FN}$
- 정밀도(Precision)
  - 정의: 모델이 긍정(Positive)으로 예측한 것들 중에서 실제로 긍정(Positive)인 것의 비율로, 오진(False Positive)을 최소화하는 데 초점을 둠
  - 계산 방법: $\dfrac{TP}{TP + FP}$
- 재현율(Recall), 민감도(Sensitivity)
  - 정의: 실제 긍정(Positive)인 것들 중에서 모델이 긍정(Positive)으로 올바르게 예측한 것의 비율로, 놓친 긍정(False Negative)을 최소화하는 데 초점을 둠
  - 계산 방법: $\dfrac{TP}{TP + FN}$
- 특이도(Specificity)
  - 정의: 실제 부정(Negative)인 것들 중에서 모델이 부정(Negative)으로 올바르게 예측한 것의 비율로, 분모는 참부정과 거짓긍정으로 구성되고, 분자에는 참부정만 들어가서 0~1 사이값을 가짐
  - 계산 방법: $\dfrac{TN}{TN + FP}$
- F1-Score
  - 정의: 정밀도와 재현율을 함께 고려한 조화 평균으로, 0과 1사이의 값을 가지며 1에 가까울수록 좋은 성능을 나타냄
  - 계산 방법: $2 \times \dfrac{\text{정밀도(Precision)} \times \text{재현율(Recall)}}{\text{정밀도(Precision)} + \text{재현율(Recall)}}$

❷ ROC 곡선
- 정의: 이진 분류 모델의 성능을 시각적으로 평가하기 위한 그래프
- 특징
  - 모델이 얼마나 잘 분류하는지 나타내며, 일반적으로 곡선 아래 면적(AUC, Area Under the Curve)을 통해 전체적인 성능을 평가
  - 다양한 분류 임계값(Threshold)에 따른 참긍정률(TPR, True Positive Rate)과 거짓긍정률(FPR, False Positive Rate)의 관계를 보여줌

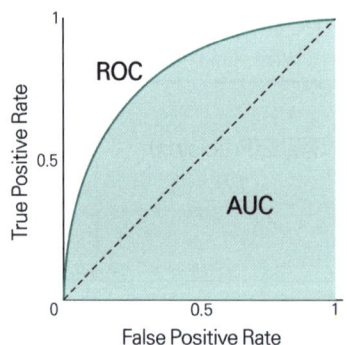

① 로지스틱 회귀분석(Logistic Regression)

- 정의
  - 데이터가 특정 범주에 속할 확률을 예측하는 데 사용되는 통계 및 기계 학습 분석 기법
  - 선형 회귀가 연속적인 값을 예측하는 것과 달리, 결과가 '예/아니오'와 같이 이진(Binary)이거나 여러 범주 중 하나인 경우에 적합함
- 원리
  - 독립변수들의 선형 결합($y = \beta_0 + \beta_1 x_1 + \beta_2 x_2 + \cdots$)을 계산함
  - 시그모이드 함수를 이용해 0~1 사이의 확률로 변환
  - 이 확률을 기반으로 특정 임계값을 정해 데이터를 분류함(예 확률이 0.5 이상이면 1로, 0.5 미만이면 0으로 분류)
- 주요 유형

이항(Binary) 로지스틱 회귀	결과 범주가 두 가지인 경우에 사용(예 합격/불합격, 스팸/스팸 아님)
다항(Multinomial) 로지스틱 회귀	결과 범주가 세 가지 이상인 경우에 사용(예 불만족/보통/만족)

- 장단점

장점	단점
• 구현과 학습이 간단하고 효율적 • 각 변수가 결과에 미치는 영향의 방향(양/음의 상관관계)을 파악하기 용이 • 복잡한 모델에 비해 과적합(Overfitting) 위험이 적음	• 종속변수와 독립변수 간의 선형 관계를 가정하므로, 데이터가 비선형적일 경우 성능이 낮을 수 있음 • 복잡한 비선형 관계를 학습하는 데 한계가 있음

- 활용 예시

고객 이탈 예측	고객의 활동 패턴을 분석하여 해당 고객이 서비스를 이탈할 확률을 예측
스팸 메일 분류	메일의 특정 단어 등을 분석하여 스팸 메일일 확률을 예측하고 분류
의학	특정 증상을 가진 환자가 특성 질병에 걸릴 확률을 예측

② 의사결정나무(Decision Tree)

- 정의: 데이터를 특정 기준에 따라 반복적으로 분할하여 트리(나무) 구조로 분류·회귀하는 머신러닝의 지도학습 모델
- 구성 요소

노드	• 뿌리 마디(Root Node): 트리의 시작점 • 중간 마디(Internal Nodes): 데이터를 나누는 중간 지점이자 특정 데이터 속성에 대한 질문(분할 기준) • 끝 마디(Leaf Nodes): 최종 예측 결과(분류 또는 예측값)
가지	질문에 대한 답변(조건)이자 다음 노드로 이동하는 경로

• 작동 방식

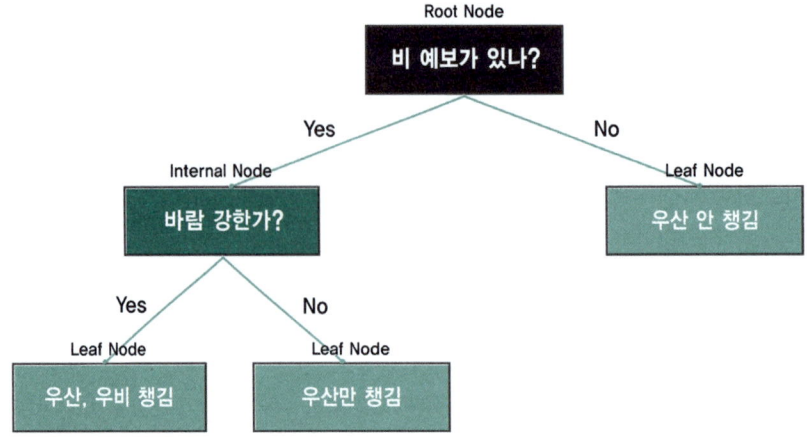

- 뿌리 마디에서 데이터의 특성(변수)을 기준으로 데이터를 나누는 질문(분할 기준)이 시작됨
- 각 마디의 질문에 대한 응답(예) 예/아니오, 또는 특정 범위)에 따라, 가지가 뻗어 나가고 데이터는 더 유사한 특성을 가진 그룹으로 쪼개짐
- 새로운 데이터가 입력되면 뿌리 마디부터 시작해 각 분기점의 질문에 따라 알맞은 가지로 이동하며 최종적으로 끝 마디에서 예측 결과나 분류를 얻음
- 데이터의 불순도(정보의 혼합 정도)가 낮아지는 방향으로 분기를 반복하여 데이터의 순도가 높아지도록 학습

• 장단점

장점	단점
• 직관적이고 비전문가도 쉽게 이해할 수 있음 • 데이터 전처리 과정(예) 특성 스케일링(Feature Scaling), 정규화)이 필요하지 않음 • 다양한 형태(예) 범주형, 수치형)의 데이터를 처리할 수 있음	• 나무의 깊이가 깊어질수록 특정 데이터에 과적합될 가능성이 높음 • 데이터의 작은 변화에도 모델의 구조가 크게 바뀔 수 있음

• 활용 예시

분류 (Classification)	• 이메일 스팸 필터링: "특정 단어가 포함되어 있는가?", "발신자가 알려진 주소인가?"와 같은 질문을 통해 스팸 메일과 정상 메일을 분류 • 고객 세그먼트 분석: "구매 금액이 얼마인가?", "자주 구매하는 상품 종류는 무엇인가?" 등 고객 데이터를 기반으로 고객을 특정 그룹으로 분류 • 질병 진단: 환자의 증상, 검사 결과 등 데이터에 따라 질병을 진단하거나, 특정 질병에 걸릴 확률이 높은 고객을 예측
회귀 (Regression)	• 주택 가격 예측: 주택의 면적, 방 개수, 위치 등 다양한 특성(독립변수)을 기반으로 주택의 가격(연속적인 값)을 예측 • 온도 예측: 과거의 기온, 습도 등 데이터를 학습하여 특정 시간대의 온도를 예측

❸ 베이지안 분류(Bayesian Classification)
- 베이즈 정리(Bayes' Theorem): 특정 사건이 발생했을 때, 기존에 알려진 정보(사전 확률)와 새로 얻은 정보(사후 확률)를 바탕으로 해당 사건의 신뢰도(확률)를 업데이트하는 방식

사전 확률	어떤 사건이 발생하기 전에 가지고 있던 확률
사후 확률	새로운 정보를 바탕으로 업데이트된 확률
가능도 (Likelihood)	특정 사건이 발생했을 때, 특정 특징이 나타날 확률

- 정의
  - 베이즈 정리(Bayes' Theorem)를 기반으로 사후확률을 계산하여 분류하는 기계학습 기법
  - 데이터의 특징(Feature)들을 바탕으로 주어진 데이터가 어떤 클래스(범주)에 속할 확률을 계산하고, 이 확률이 가장 높은 클래스로 데이터를 분류하는 통계적 분류 기법
- 장단점

장점	단점
• 계산 비용이 적어 대용량 데이터셋에 적합하며 훈련 속도가 매우 빠르고 효율적임 • 문서 분류처럼 고차원 데이터 처리 가능 • 매개변수 추정이 쉬워 구현이 간단함	• 현실 세계의 데이터에서는 특성 간 독립성이 보장되지 않는 경우가 많아 성능에 영향을 미칠 수 있음 • 0-빈도 문제: 훈련 데이터에 나타나지 않은 특성이 있는 경우, 해당 확률이 0으로 계산되어 전체 예측이 잘못될 수 있음

- 활용 예시

스팸 필터링	이메일 제목이나 본문에 특정 단어(예) '당첨', '광고', '비트코인' 등)가 얼마나 자주 등장했는지 분석하여, 해당 메일이 스팸일 확률을 계산
텍스트 분류 및 감정 분석	문서를 특정 주제(예) 스포츠, 정치, 엔터테인먼트)로 분류하거나, 리뷰의 감정(긍정적, 부정적, 중립적)을 판단하는 데 사용
의료 진단	환자의 증상, 검사 결과 등의 데이터를 기반으로 특정 질병을 앓고 있을 확률을 예측
추천 시스템	사용자의 과거 행동(예) 구매목록, 시청기록 등)을 기반으로 관심사를 파악하고, 좋아할 만한 상품이나 콘텐츠를 추천
날씨 예측	과거의 날씨 데이터(예) 습도, 기온, 바람 등)를 기반으로 특정 기상 현상(예) 비, 눈 등)이 발생할 확률을 예측
이미지 인식	특정 객체(예) 사과, 석류, 토마토 등)의 특징을 학습하여 이미지를 자동으로 분류하거나 인식

- 나이브 베이즈(Naïve Bayes) 분류
  - 정의: 베이지안 분류의 단순화된 버전으로, '나이브(순진한)'라는 이름처럼 각 특성은 클래스 내에서 서로 독립적이라고 가정
  - 특징

특성 독립성 가정	• 각 클래스 내에서 입력 데이터의 여러 특성이 서로 통계적으로 독립적이라고 가정 • 이 가정이 실제로는 성립하지 않더라도 성능에 큰 문제가 없는 경우가 많아 효율적임
계산의 간편성	특성 독립성 가정으로 조건부 확률의 계산이 매우 간단해짐
광범위한 활용	단순함과 우수한 성능 덕분에 스팸 메일 필터, 텍스트 분류, 감정 분석 등 다양한 기계학습 분야에서 널리 사용됨

❹ 인공신경망(Artificial Neural Network, ANN)
- 정의
  - 뇌 신경망 구조를 모방하여 만든 기계학습 모델로, 여러 층의 노드들이 복잡한 연결을 통해 데이터를 학습하고 패턴을 인식
  - 뇌의 뉴런 구조를 모방하여 입력층 → 은닉층 → 출력층의 노드와 가중치(Weight)를 통해 학습
- 구성요소

인공 뉴런(Node)	• 뇌의 뉴런을 모방 • 여러 입력값을 받아 처리히고 특정 임계치를 넘으면 결과 신호를 다음 뉴런으로 전달
가중치(Weight)	• 뉴런 간 연결의 중요도를 나타내는 값 • 학습을 통해 가중치를 지속적으로 조정하여 예측의 정확도를 높임
활성화 함수 (Activation Function)	뉴런이 받은 입력값을 처리하여 다음 뉴런으로 보낼 출력값을 결정하는 비선형 함수

- 계층 구조

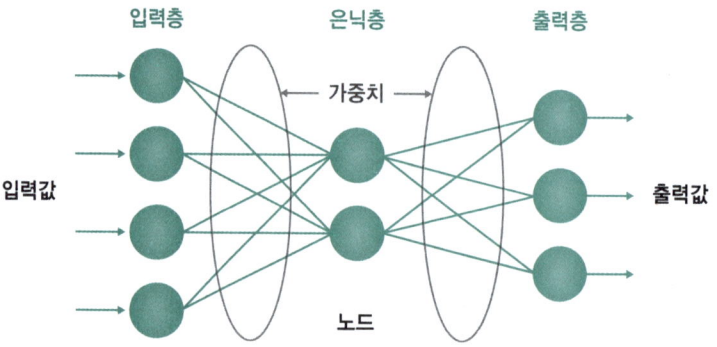

입력층	외부 데이터를 받아들이는 단계로, 데이터의 특징이 뉴런에 입력됨
은닉층	• 입력된 정보가 여러 뉴런을 거치며 처리되는 단계 • 각 뉴런은 입력값에 가중치를 곱하고, 모든 입력값의 합에 편향(Bias)을 더한 뒤, 활성화 함수를 통과시켜 다음 뉴런으로 보낼 출력값을 결정함
출력층	은닉층을 거친 결과가 최종적으로 출력되는 단계

- 학습 과정

순전파 (Forwardpropagation)	입력층에 데이터가 주어지면, 각 뉴런은 가중치를 곱하고 활성화 함수를 통과시켜 출력층까지 신호를 전달
오차 계산	출력층의 예측값과 실제 정답 사이의 오차를 계산
역전파 (Backpropagation)	오차를 줄이기 위해 출력층에서부터 입력층으로 거꾸로 오차를 전파하면서 각 뉴런 연결의 가중치를 업데이트함
반복	위의 과정을 반복하며 모델의 예측 정확도를 점진적으로 개선해 나감

• 종류

FNN(Feed-Forward Neural Network)	가장 기본적인 형태로, 데이터가 입력층에서 출력층으로 한 방향으로만 흐름
CNN(Convolutional Neural Network)	주로 이미지 및 영상 인식에 사용되며, 필터(커널)를 사용하여 이미지의 공간적 특징을 효과적으로 추출하고 학습
RNN(Recurrent Neural Network)	• 시간적 순서가 있는 데이터(시계열 데이터) 처리에 특화 • 이전 단계의 정보를 기억하여 현재 단계의 계산에 활용하는 순환 구조
Deep Learning	• 여러 개의 은닉층을 쌓아 올린, 더 복잡한 구조의 인공신경망 • 현재는 인공신경망이 곧 딥러닝을 의미할 정도로 보편화됨

• 주요 특징

데이터 기반 학습	명시적인 프로그래밍 없이 데이터를 통해 학습하고 예측
패턴 인식	복잡한 데이터에서 패턴과 관계를 학습하는 데 뛰어난 성능을 보임
다양한 적용	이미지, 텍스트, 수치 데이터 등 다양한 형태의 데이터에 적용 가능

• 장단점

장점	단점
• 선형 모델로는 포착하기 어려운 복잡한 비선형 관계를 학습할 수 있음 • 노이즈에 강인하여 일부 데이터가 손상되거나 불완전하더라도 잘 작동함 • 병렬 처리에 유리한 구조를 가지고 있어 효율적인 연산이 가능함	• 학습된 모델의 작동 원리를 해석하고 이해하기 어려움(블랙박스 모델) • 모델 학습을 위해 대규모의 데이터와 많은 연산 자원이 필요함 • 모델이 복잡해질수록 과적합의 위험이 커짐

• 활용 예시

의료 분야	의료 영상(예 X-ray, CT 등)을 분석하여 질병을 진단하고 분류하는 데 사용
이미지 및 음성 인식	필기체·음성을 인식해 정보를 처리하고 소셜 네트워크의 데이터를 분석해 타겟 마케팅에 활용
자율 주행	주변 환경을 인식하고 주행 경로를 결정하는 자율 주행 시스템의 핵심 기술
금융 분야	과거 데이터를 학습하여 주가 예측, 재무 예측, 신용 평가 등의 분석에 활용
수요 예측	전기 부하 및 에너지 수요를 예측하여 효율적인 에너지 관리를 도움
제조 및 공정 관리	공정 데이터를 분석하여 품질 관리를 개선하고 화합물을 식별하는 데 기여
자연 현상 예측	날씨, 재료의 강도, 유체의 흐름 예측 등 복잡한 자연 현상을 연구하고 분석
추천 시스템	사용자의 행동 데이터를 분석하여 개인에게 맞는 상품이나 콘텐츠 추천

활성화 함수

• Sigmoid 함수
  - 입력값을 0과 1 사이의 값으로 압축하는 S자 형태의 함수
  - 출력값을 확률로 나타낼 수 있어 분류 문제의 출력층에서 유용하지만, 기울기 소실 문제가 발생할 수 있음
  - 공식: $\sigma(x) = \dfrac{1}{1 + e^{-x}}$

• Tanh(쌍곡 탄젠트) 함수
  - Sigmoid와 유사한 S자 형태이지만, 입력값을 -1과 1 사이의 값으로 압축하며 출력이 0 중심
  - 공식: $\tanh(x) = \dfrac{\sinh(x)}{\cosh(x)}$

• ReLU(Rectified Linear Unit) 함수
  - 입력값이 0보다 크면 그대로 출력하고, 0 이하이면 0을 출력하는 함수
  - 계산이 효율적이고, 기울기 소실 문제가 발생하지 않아 딥러닝에서 가장 널리 사용
  - 양수 영역에서 기울기가 항상 1이라 학습 속도가 빠름
  - 공식: $f(x) = \max(0,\ x)$

• Leaky ReLU 함수
  - ReLU의 변형으로, 입력값이 음수여도 0이 아닌 작은 기울기를 갖는 값(예 $0.01x$)을 출력
  - 0으로 수렴하는 '죽은 뉴런(dying neuron)' 문제를 완화
  - 공식: $f(x) = \begin{cases} x & \text{if } x > 0 \\ x & \text{if } ax \le 0 \end{cases}$

• Softmax 함수
  - 주로 다중 클래스 분류 문제의 출력층에서 사용
  - 여러 개의 출력값들을 전부 합하면 1이 되는 확률 분포로 변환
  - 공식: $\sigma(z)_i = \dfrac{e^{z_i}}{\displaystyle\sum_{j=1}^{k} e^{z_j}}$

❺ 서포트 벡터 머신(SVM, Support Vector Machine)

• 정의
  - 다차원 공간에서 데이터를 분류하기 위해 서로 다른 클래스(범주)를 가장 잘 분리하는 최적의 결정 경계, 즉 초평면을 찾는 지도학습 알고리즘
  - 서포트 벡터 사이의 거리인 마진(Margin)을 최대화하는 방향으로 초평면을 찾으며, 마진이 최대화될수록 새로운 데이터를 분류할 때 더욱 정확하게 예측 가능

• 주요 개념

결정 경계	• 데이터를 두 개 이상의 클래스로 분리하는 경계선(또는 경계면) • N차원 공간에서 데이터를 N-1차원으로 나누는 경계인 초평면을 찾아 데이터를 분류함
서포트 벡터 (Support Vector)	• 결정 경계와 가장 가까이 있는 데이터 포인트들 • 초평면의 위치를 결정하는 데 가장 중요한 역할
마진(Margin)	결정 경계와 가장 가까운 서포트 벡터 사이의 거리
소프트 마진 (Soft Margin)	실제 데이터에서 발생 가능한 오류를 일정 수준으로 허용하면서 마진을 최대화하는 방식

- 특징
  - 경계가 뚜렷한 분류 문제에 효과적임
  - 커널 함수(Kernel Trick)를 통해 비선형 분류 가능
  - 고차원 데이터(예 텍스트 분류)에 강함
- 원리

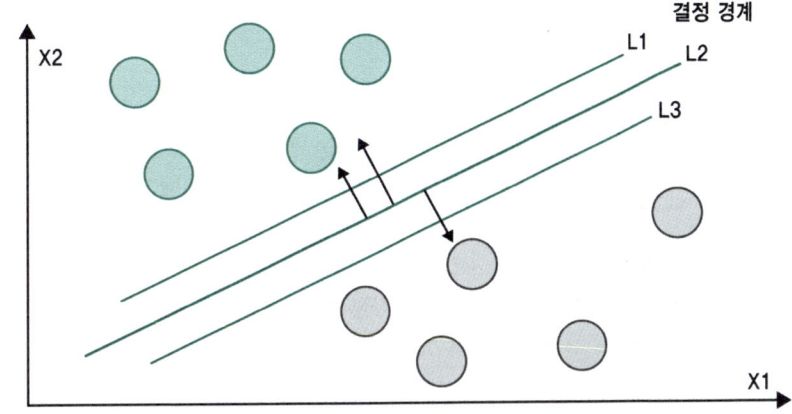

- SVM은 두 클래스 사이의 마진을 최대화하는 최적의 결정 경계(초평면)를 찾음
- 결정 경계와 가장 가까운 데이터 포인트인 서포트 벡터를 중심으로 모델 구축함
- 데이터가 선형적으로 분리되지 않는 경우, 커널 함수를 사용하여 데이터를 고차원 공간에 매핑함으로써 선형 분류가 가능하게 함

- 장단점

장점	단점
• 특성 수가 샘플 수보다 많은 고차원 공간에서도 효과적 처리 가능 • 마진을 최대화하는 방식이므로 이상값(Outlier)에 덜 민감하여 잡음(Noise)에 강함 • 커널 함수를 사용해 비선형 데이터도 효과적으로 분류할 수 있음	• 데이터가 많아지면 계산 비용과 시간이 크게 늘어날 수 있음 • 최적의 성능을 내기 위해 커널 함수와 매개변수(예 C, gamma 등)를 신중하게 선택해야 함 • 결과의 해석이 직관적이지 않아 모델 해석이 어려움

- 활용 예시

자연어 처리 (NLP)	• 감정 분석: 텍스트 데이터의 감정(예 긍정/부정 등) 분류 • 스팸 탐지: 이메일 등의 텍스트에서 스팸 메일 분류 • 주제 모델링: 텍스트 주제 분류·이해
컴퓨터 비전 (Computer Vision)	• 이미지 분류: 이미지의 내용에 따라 적절한 카테고리로 분류(예 특정 객체나 동물 이미지 인식) • 얼굴 감지: 이미지에서 얼굴 영역을 찾아냄 • 인식: 손으로 쓴 글자를 인식하고 분류
생체 정보 인식	지문, 홍채 등 개인의 생체 정보를 분석·식별하는 시스템에 적용 가능
기타 응용	회귀분석: 분류·예측 문제에도 활용 가능한 범용적인 알고리즘

6 판별분석(Discriminant Analysis)

- 정의
  - 두 개 이상의 집단(그룹)에 속한 개체들의 특성(변수)을 분석하여, 새로운 관측값이 어느 집단에 속할 가능성이 높은지 예측하는 통계 기법
  - 새로운 개체를 효과적으로 분류하기 위한 판별함수(Discriminant Function)를 도출하여 새로운 데이터를 분류

- 종류

선형 판별분석 (LDA, Linear Discriminant Analysis)	• 각 그룹이 동일한 공분산 행렬을 가진다고 가정 • 그룹 간 차이는 평균의 차이로만 설명됨 • 데이터가 선형적으로 구분될 때 효과적이며, 판별함수는 선형 결합으로 도출됨
이차 판별분석 (QDA, Quadratic Discriminant Analysis)	• 각 그룹이 서로 다른 공분산 행렬을 가진다고 가정 • 등분산 가정이 충족되지 않을 때 사용되며, 판별함수가 이차 함수 형태를 띠게 됨

- 주요 가정

다변량 정규성	각 그룹의 데이터는 정규분포를 따른다고 가정
공분산 행렬의 동질성	LDA의 경우, 모든 그룹의 공분산 행렬이 동일해야 함
다중공선성 부재	독립변수들 사이에 높은 상관관계가 없어야 함

- 수행 절차
  - 각 그룹 데이터의 다변량 정규성과 공분산 행렬 동질성(LDA의 경우) 확인
  - 가정 검증 결과에 따라 LDA 또는 QDA 선택
  - 그룹을 가장 잘 분류할 수 있는 판별함수를 계산하고 새로운 개체를 분류
  - 오분류율(Misclassification Rate) 등을 통해 모델의 분류 정확도 평가

- 장단점

장점	단점
• 선형 모델이므로 해석하기 용이함 • 클래스 간의 구별이 명확한 경우 성능 안정적	• 다변량 정규성 가정이 충족되지 않으면 성능 저하 • 안정적인 판별식을 얻기 위해 충분한 데이터 필요

- 활용 예시

의학 분야	연속형 데이터(예 환자의 검사 수치, 바이오마커 등)를 바탕으로 특정 질병이 있는 그룹과 없는 그룹으로 분류
교육 분야	연속형 데이터(예 시험 점수 등)를 바탕으로 합격/불합격, 또는 우수/평균/열등 그룹으로 분류 · 예측
마케팅/소비자 행동 분야	연속형 데이터(예 고객의 구매 행동, 선호도 등)를 바탕으로 고객을 특정 그룹(예 VIP 고객, 신규 고객)으로 분류하고, 각 그룹의 특성을 이해하여 마케팅 전략을 수립

제조업/품질 관리 분야	제품의 다양한 측정치(예) 길이, 온도, 압력)를 분석하여 불량품/정상품으로 판별하거나, 특정 생산라인의 제품 품질 예측
금융 분야	연속형 데이터(예) 신용 점수, 소득 등)를 분석하여 대출 신청자를 신용도가 높은 그룹과 낮은 그룹으로 나누어 대출 승인 여부를 결정하는 데 활용
HR/인사 분야	직원들의 성과 지표, 근무 시간, 설문 결과 등을 바탕으로 이직 가능성이 높은 직원과 낮은 직원을 예측하거나, 우수 인재를 선발하는 데 활용

7 K-최근접 이웃(KNN, K-Nearest Neighbor)
- 정의: 새로운 데이터 주변의 K개 이웃 데이터를 찾아, 가장 많은 이웃이 속한 범주로 데이터를 분류하는 지도학습 알고리즘
- 핵심 원리

K값 설정	• 새로운 데이터에 가장 가까운 이웃을 몇 개(K) 참고할지 설정 • K값은 알고리즘의 성능에 중요한 영향을 미치는 하이퍼파라미터
거리 계산	• 새로운 데이터와 기존 데이터 사이의 거리를 계산 • 유클리드 거리, 맨해튼 거리 등의 거리 측정 함수가 주로 사용됨
K개의 이웃 선택	계산된 거리를 기준으로 가장 가까운 K개의 이웃을 선택
예측	• 분류(Classification): K개의 이웃 중 가장 많은 범주에 속하는 클래스로 새로운 데이터를 분류 • 회귀(Regression): K개의 이웃에 해당하는 값들의 평균을 내어 새로운 데이터의 값을 예측

- 주요 특징

비모수적 방법	미리 정의된 모델이나 가정을 하지 않고, 데이터를 기반으로 직접 학습
지도학습	정답(레이블)이 있는 데이터를 사용하여 학습하고, 새로운 데이터의 정답을 예측
게으른 학습 (Lazy Learning)	새로운 데이터가 입력되면 그때서야 주변 데이터를 탐색하여 예측을 수행

- 장단점

장점	단점
• 알고리즘이 직관적이고 구현이 간단함 • 별도의 모델 학습 단계가 없어 훈련 속도가 빠름 • 데이터 분포에 대한 가정이 없어 복잡한 관계에도 적용할 수 있음(비선형 관계에 유연)	• 모든 데이터와의 거리를 계산해야 하므로 데이터 양이 많아지면 예측 시간이 오래 걸림 • 모든 훈련 데이터를 저장해야 하므로 많은 저장 공간이 필요함 • K값이 작으면 이상값에 큰 영향을 받을 수 있음 • 각 특징(Feature)의 스케일에 따라 거리 계산에 미치는 영향이 달라질 수 있어, 데이터 전처리가 중요함

Q 개요

❶ 정의: 정답(레이블)이 없는 데이터들을 유사(거리 또는 유사도)한 특성을 가진 여러 그룹으로 묶는 비지도 학습 기법

❷ 주요 특징

유사성과 이질성	• 같은 군집 내의 데이터: 서로 유사 • 다른 군집에 속한 데이터: 서로 이질적
비지도학습	정답(레이블)이 없는 상태에서 데이터 자체의 패턴과 구조를 파악
유사성 척도	데이터 간의 유사성을 측정하기 위해 거리 기반 척도(예 유클리드 거리)나 유사도 개념을 사용
데이터 요약 및 구조 파악	• 대량의 데이터를 몇 개의 의미 있는 그룹으로 요약 • 데이터 전체의 숨겨진 구조를 이해하는 데 도움

❸ 활용 예시

마케팅 전략 수립	고객의 구매 품목, 소비 금액, 인구통계학적 특성 등을 바탕으로 고객을 분류하고, 각 집단에 맞는 맞춤형 마케팅 전략을 수립
유전자 데이터 분석	유전자 데이터를 분석하여 특정 유사성을 가진 유전자 그룹 발견
뉴스 분류	온라인 뉴스 기사를 주제별로 자동으로 묶고 정리

Q 계층적 군집분석(Hierarchical Clustering)

❶ 정의: 데이터 관측치를 순차적·계층적으로 묶어 트리 형태의 군집을 생성하는 비지도 학습 기법

❷ 특징

계층적 구조	트리 형태로 데이터가 묶여 다양한 수준의 군집을 탐색 가능
사전 군집 수 미정	K-평균 군집화(K-means Clustering)와 달리, 군집의 개수를 미리 정하지 않고 덴드로그램을 통해 결정
덴드로그램 활용	분석 결과는 덴드로그램으로 표현되어 군집 간의 거리와 계층 구조를 시각적으로 파악 가능

❸ 종류

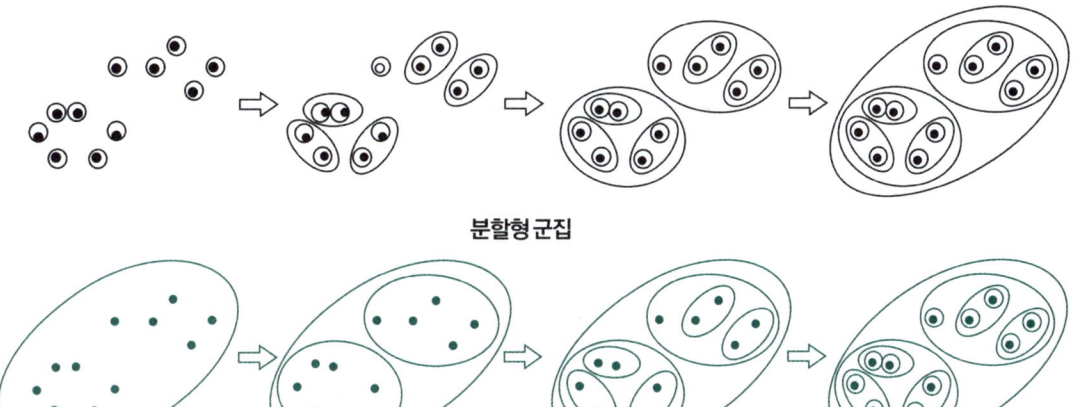

응집형 군집

분할형 군집

- 응집형(Agglomerative) 군집
  - 정의: 모든 데이터 포인트를 각각 하나의 군집으로 간주한 후, 가장 가까운 두 군집을 합치고 이 과정을 하나의 큰 군집이 될 때까지 반복하는 방식
  - 종류: 군집을 합칠 때 어떤 기준으로 가까운지를 판단하는 방식에 따라 구분

최단 연결법 (Single Linkage)	두 군집에 속한 가장 가까운 데이터 포인트 사이의 거리를 군집 간 거리로 정의
최장 연결법 (Complete Linkage)	두 군집에 속한 가장 먼 데이터 포인트 사이의 거리를 군집 간 거리로 정의
평균 연결법 (Average Linkage)	두 군집에 속한 모든 데이터 포인트 쌍의 거리 평균을 군집 간 거리로 정의
와드 연결법 (Ward's Linkage)	군집 내 편차의 제곱 합(Sum of Squares)을 최소화하는 방향으로 군집을 병합

- 분할형(Divisive) 군집
  - 정의: 하나의 큰 군집에서 시작해, 가장 유사성이 낮은 하위 군집으로 분할하고 이 과정을 각 데이터 포인트가 하나의 군집이 될 때까지 반복하는 방식

❹ 분석 과정

계층적 시각화	모든 데이터 포인트가 개별적인 군집으로 시작하여 유사한 군집을 병합해 나가며 최종적으로 하나의 군집이 될 때까지의 과정을 트리 형태로 시각화함
군집 수 결정	덴드로그램을 통해 데이터의 자연적인 위계 구조를 시각적으로 확인하고 적절한 군집의 수를 결정
사전 군집 수 미지정	사전에 군집 수를 정할 필요 없이, 데이터의 유사성을 기반으로 자연스러운 그룹을 형성하는 방식을 따름
다양한 연결 방법	단일 연결법, 완전 연결법, 평균 연결법 등 다양한 방법을 통해 군집 간의 거리를 측정하고 분석의 신뢰도를 높임

⑤ 결과 해석(덴드로그램)

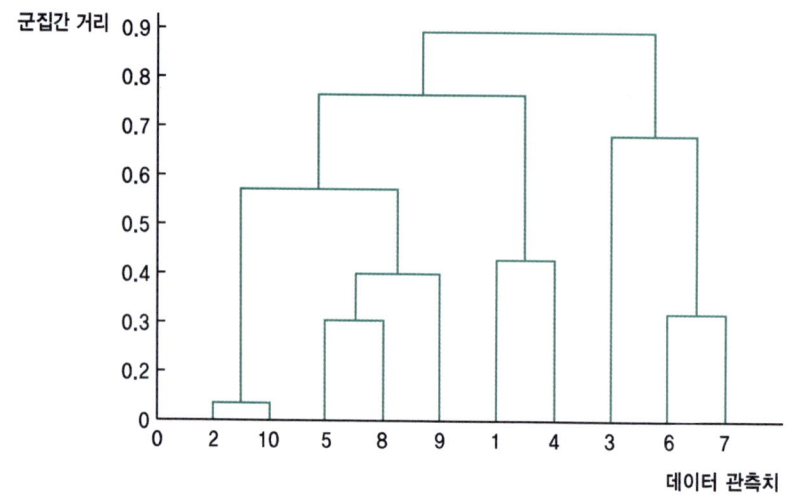

- y축의 높이가 낮을수록 가까운 거리에서 군집이 합쳐졌다는 의미 → 두 군집 간의 유사성이 높음을 뜻함
- 덴드로그램에서 y축에 적절한 높이의 선을 그어 군집의 개수를 정할 수 있음
  예) 높게 자르면 → 군집 수 적어짐 / 낮게 자르면 → 군집 수 많아짐

⑥ 장단점

장점	단점
• K-평균 군집화와 달리, 사전에 군집의 수를 지정하지 않아도 됨 • 군집의 병합 · 분할 과정을 덴드로그램으로 시각화하여 데이터의 계층적 구조를 한눈에 파악 가능 • 이상값은 다른 데이터들과 계층적으로 멀리 떨어져 있는 경우가 많아 식별이 쉬움	• 모든 데이터 포인트 사이의 거리를 계산해야 하므로 데이터의 양이 많을수록 복잡하고 오래 걸림 • 한번 합쳐지거나 분리된 군집은 되돌릴 수 없기 때문에 초반의 결정이 최종 결과에 큰 영향을 미칠 수 있음 • 덴드로그램에서 군집을 몇 개로 나눌지 결정하는 기준이 주관적일 수 있음

⑦ 활용 예시

생물학	유전적 특징, 생리적 반응, DNA 돌연변이 등을 기반으로 종을 분류하고 진화 과정을 이해
마케팅	고객의 구매 행동, 인구 통계학적 특성 등을 분석하여 유사한 특성을 가진 그룹으로 고객을 세분화하고, 각 그룹에 맞는 마케팅 전략을 수립
정보 그룹화	비슷한 정보를 가진 문서나 이미지를 그룹화하여 관련성을 파악하고 정보 관리를 효율적으로 함
의학 및 헬스케어	진단 기준이나 치료 반응이 유사한 환자들을 그룹화하여 효과적인 치료법을 개발하거나 연구를 수행
사회과학	특정 사회적 특성을 공유하는 사람들을 그룹화하여 사회적 동향을 파악하고 사회 정책을 수립

Q 비계층적 군집분석(Partitioning Clustering)

❶ 정의

- 군집 수(K)를 사전에 지정하고 데이터를 K개의 그룹으로 할당하는 군집화 방법
- 계층적 군집분석과 달리, 계층 구조를 생성하지 않고 데이터 포인트들이 특정 군집의 중심에 얼마나 가까운지를 기준으로 군집을 할당하며, 대표적으로 K-평균(K-means) 알고리즘 사용

❷ 주요 특징

군집 수 사전 지정	분석을 시작하기 전에 사용자가 군집 수(K)를 미리 정해야 함
반복적 최적화	임의의 군집 중심점을 설정한 후, 반복적인 과정을 통해 각 객체를 가장 가까운 군집에 할당
대용량 데이터에 적합	계층적 군집분석보다 계산량이 적어 데이터의 양이 많을 때 유용
최적해 보장 없음	초기 중심점의 설정에 따라 결과가 달라질 수 있어 전역적으로 최적의 해를 보장하지는 않음

❸ 종류

- K-평균 군집화(K-means Clustering): 가장 널리 사용되는 분석 방법

원리	사용자가 지정한 K개의 초기 중심점(Centroid)을 기준으로 각 데이터를 가장 가까운 중심점에 할당
과정	• K개의 초기 중심점을 무작위로 선택 • 데이터와 중심점 간의 거리를 계산하고, 가장 가까운 중심점의 군집으로 할당 • 각 군집에 할당된 데이터들의 평균값으로 새로운 중심점을 다시 계산 • 중심점의 위치가 더 이상 변하지 않을 때까지 2~3단계를 반복
특징	계산 속도가 빠르고 직관적이지만, 이상값(Outlier)에 민감하며 구형의 군집 형태를 가정함

- K-메도이드 군집화(K-medoids Clustering): K-평균 군집화와 유사하지만, 군집의 중심을 실제 데이터 중 하나인 '메도이드(Medoid)'로 설정

원리	각 군집에서 가장 대표적인 객체를 중심(메도이드)으로 지정하여 군집을 형성
특징	• 이상값의 영향을 덜 받고, K 평균보다 견고한(Robust) 결과를 얻을 수 있음 • 대표적인 알고리즘으로 PAM(Partitioning Around Medoids) 사용

- DBSCAN(Density-Based Spatial Clustering of Applications with Noise): 밀도 기반 군집분석 방법으로, 데이터 밀도를 기준으로 군집을 찾음

원리	데이터가 밀집된 영역을 군집으로 식별하고, 밀도가 낮은 영역의 데이터는 이상값으로 분류
특징	군집 수를 미리 지정할 필요가 없으며, 다양한 형태의 군집을 찾을 수 있음

❹ 활용 예시

마케팅	• 고객의 구매 빈도, 금액, 상품 종류 등을 분석하여 유사한 소비 성향을 가진 고객 그룹을 식별하고 이를 기반으로 맞춤형 마케팅 전략 수립 • 아직 알려지지 않은 새로운 고객 그룹을 발견하여 잠재 시장을 파악하고, 신규 고객 확보를 위한 전략 수립
이미지 처리	• 이미지의 픽셀들을 색상, 질감 등 유사한 특성을 기준으로 그룹화하여 객체를 분리 • MRI, CT 등 의료 영상에서 특정 조직이나 병변 부위를 식별하기 위해 픽셀 단위의 군집 분석을 활용
데이터 분석 및 이상 탐지	• 시스템 로그 데이터, 네트워크 트래픽에서 비정상적인 패턴을 보이는 데이터를 군집화하여 이상 징후 탐지 • 대규모 데이터 세트의 초기 탐색 단계에서 데이터 내의 숨겨진 패턴이나 구조를 파악

❺ 다른 종류의 비계층적 군집 분석

프로토타입 기반	각 군집을 대표하는 '프로토타입'을 기준으로 데이터를 분류하는 군집화 기법(예 K-평균 군집화)으로, '중심 기반 군집분석'이라고도 함
분포 기반	• 각 군집의 데이터가 특정 확률 분포(예 정규분포)를 따른다고 가정하고, 데이터가 어떤 분포에 속할 확률이 가장 높은지를 계산하여 군집화하는 방법(예 EM 알고리즘) • 주로 가우시안 혼합 모델(GMM)과 같은 모수적 모형을 사용하여, 데이터가 어떤 모형의 가중합으로 표현된 모집단에서 나왔다고 가정하고 모수와 가중치를 추정해 군집을 형성
밀도 기반	• 데이터 포인트들이 얼마나 밀집해 있는가를 기준으로 군집을 형성(예 DBSCAN) • 특정 반경(Epsilon) 내에 일정 개수 이상의 데이터 포인트가 모여 있으면 하나의 군집으로 인식함 • K-평균 군집화와 달리 군집 수를 미리 정할 필요가 없고, 다양한 형태의 군집을 찾거나 데이터에 포함된 이상값을 효과적으로 식별하는 데 유용
모델 기반	데이터가 여러 개의 확률 분포(모형)가 혼합되어 생성되었다고 가정하고, 이 모형들을 기반으로 군집을 찾아내는 통계적인 접근 방식

연관분석(Association Analysis)

Q 개요

❶ 정의
- 대규모 데이터(특히 거래 데이터)에서 숨겨진 항목 간의 연관 규칙(Association Rule)을 발견하는 데이터 마이닝 기법
- 고객의 구매 행동을 분석하는 장바구니 분석(Market Basket Analysis)으로 잘 알려져 있음

❷ 주요 개념 및 지표

연관 규칙 (Association Rule)	"A를 구매하면 B도 구매한다"와 같은 형태로 표현 → 조건(A)과 결과(B) 사이의 연관성
지지도 (Support)	• 전체 거래 중에서 특정 항목 집합이 동시에 발생할 확률 • 지지도: $Support(A \rightarrow B) = P(A \cap B) = \dfrac{\text{A와 B가 모두 포함된 거래 수}}{\text{전체 거래 수}}$ 예 전체 100건의 거래 중 10건에서 '우유'와 '빵'이 함께 구매된다면, '우유'와 '빵'의 지지도는 10%
신뢰도 (Confidence)	• 특정 항목(조건)이 구매되었을 때 다른 항목(결과)도 함께 구매될 확률 • 신뢰도: $Confidence(A \rightarrow B) = P(B \mid A) = \dfrac{P(A \cap B)}{P(A)} = \dfrac{\text{A와 B가 모두 포함된 거래 수}}{\text{A가 포함된 거래 수}}$ 예 '우유'를 구매한 고객 중 80%가 '빵'도 구매한다면, 이 규칙의 신뢰도는 80%
향상도 (Lift)	• 두 항목이 서로 연관되어 있는지, 즉 독립적으로 발생할 때보다 더 자주 함께 발생하는지를 평가 • 향상도: $Lift(A \rightarrow B) = \dfrac{P(B \mid A)}{P(B)} = \dfrac{P(A \cap B)}{P(A)P(B)}$ • 향상도 > 1: 두 항목 간에 양의 상관관계가 있음 • 향상도 = 1: 두 항목 간에 관련이 없음 • 향상도 < 1: 두 항목 간에 음의 상관관계가 있음

❸ 장단점

장점	단점
• IF-THEN 형태의 규칙으로 결과 해석이 쉽고 직관적 • 미리 정해진 목표 변수가 없어도 데이터 내의 숨겨진 패턴을 발견 가능 • 장바구니 분석 외에도 다양한 분야에 적용 가능	• 항목 수가 많아질수록 계산량이 크게 증가함 • 지지도나 신뢰도가 높더라도 의미 없는 연관 규칙이 발견될 수 있으므로 향상도를 함께 사용해야 함 • 충분한 규모의 거래 데이터가 있어야 유의미한 연관성을 발견할 수 있음

❹ 활용 예시

추천 시스템	특정 상품을 구매한 고객에게 연관성이 높은 다른 상품을 추천
상품 진열	함께 구매될 가능성이 높은 상품들을 서로 가깝게 배치하여 고객의 구매를 유도
마케팅 전략	특정 상품을 구매한 고객을 대상으로 연관성 있는 다른 상품의 쿠폰을 제공
의료	환자 기록 데이터에서 특정 증상이나 질병 간의 연관성을 파악하는 데 활용

Q 연관분석 알고리즘

❶ 대표적 알고리즘

구분	Apriori 알고리즘	FP-Growth 알고리즘
핵심 아이디어	어떤 항목이 자주 발생한다면, 그 항목을 포함한 부분 집합도 자주 발생할 가능성이 높음	Apriori와 달리 반복적으로 데이터베이스 스캔 없이 트리 구조를 사용하여 빈발 항목 집합을 찾음
작동 방식	최소 지지도 이상의 빈발 항목 집합을 탐색한 후 이를 바탕으로 점차 더 큰 집합으로 확장해 나감	데이터를 효율적인 트리 구조로 표현하고, 이 트리에서 빈발 항목을 추출
특징	데이터의 크기가 작거나 중간 정도일 때 효과적	Apriori보다 성능이 더 빠르며, 대규모 데이터에 더 적합

- 최소 지지도 기준을 만족하는 빈발 항목 집합을 찾아내 가능한 경우의 수를 줄여 연관 규칙을 효율적으로 생성함
- 이후 지지도, 신뢰도, 향상도를 이용하여 연관 규칙의 품질을 평가

❷ 주요 연관분석 유형
- 다차원 연관분석(Multidimensional Association Rules)
  - 여러 속성(차원)을 포함하는 데이터에서 규칙을 찾음
  - 일반적인 연관분석이 단일 차원(예 상품) 내의 관계를 찾는 반면, 다차원 연관분석은 여러 차원(예 나이, 성별, 구매 상품 등)을 결합하여 찾음
  예 나이가 30대이고 여성인 고객은 기저귀와 맥주를 함께 구매하는 경향이 있음
- 다단계 연관분석(Multi-level Association Rules)
  - 항목 간 계층 구조가 존재하는 데이터에서 여러 수준의 추상화 단계를 통해 규칙을 발견
  - 즉, 특정 상품뿐만 아니라 상품의 상위 범주(예 우유, 유제품)에 대한 규칙도 탐색
  예 "고객이 우유와 빵을 함께 구매하는 경향이 있다"와 "고객이 유제품과 빵을 함께 구매하는 경향이 있다"를 모두 발견할 수 있음
- 순차 연관분석(Sequential Association Rules)
  - 항목들이 발생하는 시간적 순서를 고려하여 패턴을 발견
  - 고객의 구매 기록과 같이 순서가 중요한 데이터에 유용
  예 고객이 샴푸를 구매한 후 일주일 내에 컨디셔너를 구매할 확률이 높음

- 양적 연관분석(Quantitative Association Rules)
  - 수치형 데이터에 대한 연관 규칙을 찾음
  - 특정 구간으로 나눈 후 범주형 데이터처럼 취급하여 분석할 수 있음
  - 예 구매 금액이 10만원 이상인 고객은 전자제품과 보증 서비스를 구매할 가능성이 높음
- 일반화된 연관분석(Generalized Association Rules)
  - 특정 항목이 아니라 항목의 일반화된 개념(상위 개념) 간의 연관성을 파악
  - 다단계 연관분석과 유사하지만 추상적인 패턴을 발견하는 데 초점을 맞춤
  - 예 '재킷', '코트'와 같은 개별 상품이 아닌 '겉옷'이라는 일반화된 항목으로 규칙을 찾음
- 부정 연관분석(Negative Association Rules)
  - 특정 항목들이 함께 구매되지 않는 경향을 발견함
  - 긍정적인 관계를 찾는 일반적인 연관분석과 반대됨
  - 예 고객이 특정 브랜드의 콜라를 구매하면, 경쟁사의 콜라를 구매하지 않는 경향이 있음

최신 기출복원 모의고사

1 데이터 이해

01 ⭐빈출

데이터와 정보에 대한 설명으로 옳지 않은 것은?

① 데이터는 관찰 또는 측정하여 얻은 객관적 사실이다.
② 정보는 데이터를 가공하여 의미를 부여한 결과물이다.
③ 데이터는 정보의 기초가 되며, 정보는 데이터를 해석해 얻어진 가치이다.
④ DIKW 피라미드에서 데이터는 지혜보다 높은 단계에 위치한다.

> DIKW 피라미드는 데이터(Data) → 정보(Information) → 지식(Knowledge) → 지혜(Wisdom) 순서로 가치가 상승한다. 데이터는 가장 낮은 단계이다.

02

SECI 모델의 4가지 지식 변환 단계 중 '암묵지 → 형식지'에 해당하는 것은?

① 공통화(Socialization)
② 표출화(Externalization)
③ 연결화(Combination)
④ 내면화(Internalization)

> 표출화(Externalization)는 개인의 암묵지를 언어, 도표, 문서 등 명확한 형태로 표현하여 형식지로 바꾸는 단계이다.

03

데이터베이스의 특징에 대한 설명으로 옳지 않은 것은?

① 체계적인 통합된 데이터 집합으로 중복을 최소화한다.
② 여러 사용자가 동시에 데이터를 공유할 수 있다.
③ DBMS를 통해 데이터의 추가, 삭제, 갱신이 이루어진다.
④ 데이터는 한 번 저장되면 변경이나 삭제가 불가능하다.

> 데이터베이스는 DBMS에 의해 제어 및 변화되는 데이터 집합으로, 새로운 데이터의 추가, 삭제, 갱신이 가능하다.

04 ⭐빈출

데이터 웨어하우스의 주요 특징 4가지에 해당하지 않는 것은?

① 주제 지향적(Subject-oriented)
② 통합적(Integrated)
③ 정규화(Normalized)
④ 비휘발적(Non-volatile)

> 데이터 웨어하우스의 4가지 특징은 주제 지향적, 통합적, 시계열적, 비휘발적이다. 정규화는 데이터베이스의 특징이며, 데이터 웨어하우스는 분석을 위해 비정규화된 구조를 사용한다.

05

OLTP와 OLAP에 대한 설명으로 옳은 것은?

① OLTP는 과거 데이터 분석을 위한 시스템이다.
② OLAP는 실시간 트랜잭션 처리를 담당한다.
③ OLTP는 정규화된 관계형 데이터베이스를 사용한다.
④ OLAP는 짧고 간단한 쿼리를 주로 사용한다.

> OLTP(Online Transaction Processing)는 실시간 운영을 위해 정규화된 관계형 데이터베이스를 사용한다.

정답 01 ④ 02 ② 03 ④ 04 ③ 05 ③

06

빅데이터의 5V 특징에 해당하지 않는 것은?

① 규모(Volume)
② 다양성(Variety)
③ 가시성(Visibility)
④ 속도(Velocity)

빅데이터의 5V는 규모(Volume), 다양성(Variety), 속도(Velocity), 정확성/신뢰성(Veracity), 가치(Value)이다.

07

빅데이터의 본질적 변화에 대한 설명으로 옳지 않은 것은?

① 표본조사에서 전수조사로 변화했다.
② 데이터의 질보다 양이 중요해졌다.
③ 상관관계보다 인과관계 분석이 더 중요해졌다.
④ 사전 처리보다 사후 처리가 중요해졌다.

빅데이터 시대에는 인과관계보다 상관관계 분석이 중요해졌다. 상관관계 분석으로 도출된 인사이트를 빠르게 활용할 수 있기 때문이다.

08 ⭐

데이터 마트에 대한 설명으로 옳은 것은?

① 데이터 웨어하우스보다 규모가 크다.
② 전사적 통합 데이터를 관리한다.
③ 특정 부서나 주제에 집중한 소규모 데이터 저장소이다.
④ 구축에 시간과 비용이 많이 소요된다.

데이터 마트는 특정 조직이나 팀의 특정 비즈니스 요구사항을 충족하기 위해 데이터 웨어하우스에서 데이터를 추출하여 생성한 소규모 데이터 저장소이다.

09

개인정보 비식별화 기법 중 '28세'를 '20대'로 표현하는 방법으로 옳은 것은?

① 가명처리(Pseudonymization)
② 총계처리(Aggregation)
③ 데이터 범주화(Generalization)
④ 데이터 마스킹(Data Masking)

데이터 범주화(Generalization)는 데이터의 값을 특정 범위 또는 범주로 묶어 정보의 상세 수준을 낮추는 방법이다.

10

데이터 사이언티스트의 소프트 스킬(인문학적 역량)에 해당하지 않는 것은?

① 통찰력 있는 분석과 창의적 사고
② 스토리텔링 및 시각화를 통한 전달 능력
③ 머신러닝 알고리즘 구현 능력
④ 다분야 간 협력 커뮤니케이션 능력

머신러닝 알고리즘 구현 능력은 하드 스킬(분석적 역량)에 해당한다. 소프트 스킬은 통찰력, 창의성, 소통 능력 등 인문학적 역량을 의미한다.

정답   06 ③   07 ③   08 ③   09 ③   10 ③

2 데이터분석 기획

11

데이터 분석 기획의 핵심 목적으로 가장 거리가 먼 것은?

① 경영 의사결정 지원(Decision Support)
② 비즈니스 문제 해결 중심의 분석 방향 설정
③ 데이터 저장소(데이터베이스) 구축 자체를 최우선 목표로 삼음
④ 분석 결과의 실무 적용을 통한 성과 창출

데이터 저장 기술 고도화는 수단이지 분석 기획의 직접 목적이 아니다. 기획은 비즈니스 문제 해결이 목표이다.

12 ⭐빈출

'What / How / Why' 프레임에서 'Why'가 의미하는 것은?

① 분석 방법과 절차 설계
② 분석 대상 및 목표 설정
③ 분석 결과의 활용 방안과 기대 효과 정의
④ 데이터 정제(전처리) 방법

'Why'는 분석 결과를 어떻게 활용할지(활용 시나리오 · 가치)를 정의하는 것이다.

13 ⭐빈출

KDD(Knowledge Discovery in Databases)의 표준 단계 순서로 옳은 것은?

① 선택 → 전처리 → 변환 → 데이터 마이닝 → 평가
② 전처리 → 선택 → 변환 → 평가 → 데이터 마이닝
③ 선택 → 변환 → 전처리 → 데이터 마이닝 → 평가
④ 데이터 마이닝 → 선택 → 전처리 → 변환 → 평가

KDD의 표준 흐름: 선택(Selection) → 전처리(Preprocessing) → 변환(Transformation) → 데이터 마이닝(Data Mining) → 평가(Evaluation)

14

CRISP-DM의 단계에 해당하지 않는 것은?

① 업무 이해(Business Understanding)
② 데이터 이해(Data Understanding)
③ 시스템 유지보수(System Maintenance)
④ 전개(Deployment)

CRISP-DM에 '시스템 유지보수'라는 별도 단계는 없고, 마지막 단계는 전개(Deployment)이다.

15

폭포수 방법론(Waterfall)의 특징으로 옳은 것은?

① 반복적인 스프린트(Sprint)를 통해 고객 피드백을 반영한다.
② 단계별(요구 → 설계 → 개발 → 테스트 → 배포) 순차 진행이 특징이다.
③ 요구사항 변경에 매우 유연하게 대응한다.
④ 실무 적용 이전에 최소 기능 제품(MVP)을 먼저 제공한다.

폭포수 방법론: 요구 → 설계 → 개발 → 테스트 → 배포

16

분석과제 발굴의 하향식(Top-Down) 접근의 장점으로 가장 적절한 것은?

① 데이터 내 숨겨진 패턴을 쉽게 발견할 수 있다.
② 명확한 비즈니스 목표 연계로 우선순위가 분명하다.
③ 탐색적 데이터 분석(EDA) 중심으로 빠르게 확장된다.
④ 분석의 자유도가 높아 가설 없이 진행하기 좋다.

하향식(Top-Down)은 비즈니스 목표에서 출발해 우선순위가 분명한 장점이 있다.

정답   11 ③   12 ③   13 ①   14 ③   15 ②   16 ②

17

분석 프로젝트에서 Accuracy(정확도)와 Precision(정밀도)에 대한 설명으로 옳은 것은?

① Accuracy와 Precision은 동일한 개념이다.
② Accuracy는 모델의 전체 정답률, Precision은 양성 예측 중 실제 양성 비율을 의미한다.
③ Precision은 전체 정답률, Accuracy는 양성 예측의 신뢰도를 의미한다.
④ 둘 다 오직 데이터 전처리 과정에서만 중요하다.

Accuracy = 전체 정답률, Precision = 양성 예측 중 실제 양성 비율을 의미한다.

18

분석 마스터 플랜(Master Plan)의 주요 목적으로 옳지 않은 것은?

① 분석 과제의 장단기 로드맵 수립
② 조직의 분석 역량(인력·기술) 내재화
③ 단기적 기술 벤더(외주) 의존성만 극대화
④ 분석 거버넌스(Governance) 체계 수립

마스터 플랜은 단기적 기술에만 의존하는 것이 아니라 중장기적 역량 내재화가 목적이다.

19

분석 기회 발굴 매트릭스(비즈니스 중요도 vs 실행 용이성)에서 Quick Win에 속하는 특성은?

① 중요도 높고 실행 용이성 높음
② 중요도 높고 실행 용이성 낮음
③ 중요도 낮고 실행 용이성 높음
④ 중요도 낮고 실행 용이성 낮음

Quick Win은 비즈니스 중요도와 실행 용이성 모두 높아 빠른 성과를 기대할 수 있는 과제이다.

20

데이터 거버넌스(Data Governance)의 핵심 요소로 옳지 않은 것은?

① 데이터 표준화 및 명명 규칙(Name Rule)
② 데이터 품질 관리(Data Quality)
③ 모델 학습(Training) 알고리즘 선택
④ 데이터 보안 및 접근 통제

데이터 거버넌스는 데이터 표준화, 품질 관리, 데이터 보안 및 접근 통제, 규정 준수 등을 포함하는 조직적 관리 체계이다. 모델 학습 알고리즘 선택은 분석 프로젝트의 기술적 영역에 속한다.

3 데이터분석

21

2차원 형태를 띠며 각 열(변수)마다 서로 다른 데이터 타입(예 숫자, 문자 등)을 저장할 수 있는 R의 핵심 자료구조는?

① 벡터(Vector)
② 행렬(Matrix)
③ 리스트(List)
④ 데이터 프레임(Data Frame)

데이터 프레임(Data Frame)은 R에서 가장 중요하고 많이 사용되는 2차원 자료구조로, 각 열마다 다른 데이터 타입을 가질 수 있어 엑셀과 유사한 테이블 형태의 데이터를 분석할 때 사용된다.

정답 17 ② 18 ③ 19 ① 20 ③ 21 ④

22

R 프로그래밍 언어의 특징으로 옳지 않은 것은?

① 통계 분석 및 그래프 작성에 특화된 프로그래밍 언어이다.
② 데이터를 디스크에서 직접 처리하여 메모리 효율성이 낮다.
③ 벡터 기반 연산을 지원하여 효율적인 연산이 가능하다.
④ CRAN(The Comprehensive R Archive Network)을 통해 다양한 패키지를 공유한다.

R은 데이터를 메모리에서 직접 처리하므로, 데이터 처리 속도가 빠르고 효율적인 분석이 가능하다(디스크 처리 아님).

23

데이터를 크기 순서대로 정렬했을 때 가장 중앙에 위치하는 값으로, 극단적인 값(이상값)에 영향을 덜 받는 중심 경향 측정 지표는?

① 평균(Mean)
② 분산(Variance)
③ 중앙값(Median)
④ 최빈값(Mode)

중앙값(Median)은 데이터를 정렬했을 때 중앙에 위치하는 값으로, 이상값에 영향을 덜 받는 안정적인 대표값이다.

24

모집단을 동질적인 여러 개의 층(Strata)으로 나누고, 각 층에서 필요한 만큼의 표본을 무작위로 추출하는 확률적 표본추출 방법은?

① 단순 무작위 추출(Simple Random Sampling)
② 계통 추출(Systematic Sampling)
③ 층화 추출(Stratified Sampling)
④ 군집 추출(Cluster Sampling)

층화 추출(Stratified Sampling)은 모집단을 동질적인 층으로 나누고 각 층에서 무작위로 추출하는 방법이다.

25 ⭐빈출

통계적 오차의 종류 중, 조사 과정의 실수(예 설문지 오류, 조사자의 착오, 무응답 등)로 발생하며, 전수조사에서도 나타날 수 있는 오차는?

① 표본오차(Sampling Error)
② 비표본오차(Non-Sampling Error)
③ 모수오차(Parameter Error)
④ 추론오차(Inference Error)

비표본오차(Non-Sampling Error)는 표본조사와 전수조사 모두에서 발생할 수 있으며, 주로 조사 설계, 자료 수집, 분석 등 과정상의 실수로 인해 발생한다.

26

데이터의 측정 척도 중, 순서와 간격의 의미를 모두 가지고 절대적인 0점의 의미를 포함하여 사칙연산이 모두 가능한 척도는?

① 명목척도(Nominal Scale)
② 서열척도(Ordinal Scale)
③ 등간척도(Interval Scale)
④ 비율척도(Ratio Scale)

비율척도(Ratio Scale)는 절대적인 0점의 의미를 가지므로 키, 몸무게, 나이, 소득 등과 같이 비율 계산이 가능하다.

정답   22 ②   23 ③   24 ③   25 ②   26 ④

27

데이터 탐색 과정 중 결측값(NA)을 처리하는 방법으로 옳지 않은 것은?

① is.na() 함수를 사용하여 결측값의 위치를 식별할 수 있다.
② na.omit() 함수를 사용하여 결측값이 포함된 행 전체를 제거할 수 있다.
③ mean() 함수 사용 시 na.rm = TRUE 옵션을 사용하여 NA 값을 포함한 평균을 계산한다.
④ 결측값을 해당 변수의 평균값이나 중앙값 등으로 대체할 수 있다.

mean() 함수 사용 시 na.rm=TRUE 옵션은 NA 값을 제외하고 평균을 계산하도록 지시하는 것이다(포함하여 계산이 아님).

28

기존의 하나 또는 여러 변수에서 연산을 통해 새롭게 만들어진 변수로, 몸무게와 키를 이용해 계산하는 비만도 지수(BMI)가 대표적인 예시인 변수는?

① 일반변수(Original Variable)
② 요약변수(Summary Variable)
③ 파생변수(Derived Variable)
④ 범주형 변수(Categorical Variable)

파생변수(Derived Variable)는 기존의 변수들 간의 연산을 통해 새롭게 만들어진 변수로, 비만도 지수가 대표적인 예시이다.

29

이상값(Outlier)을 탐지하는 통계적 기법으로 옳지 않은 것은?

① Z-점수
② IQR
③ LOF
④ R^2

R^2(결정 계수)는 회귀분석모형의 성능을 평가하는 지표로, 이상값 탐지 기법이 아니다. Z-점수, IQR, LOF는 이상값 탐지에 사용된다.

30

데이터의 분포 모양을 파악하는 지표 중, 데이터 분포의 비대칭성을 나타내는 지표는? (양(+)의 값일 경우 오른쪽으로 긴 꼬리를 가지며 데이터가 왼쪽에 치우쳐 있음을 의미한다.)

① 분산(Variance)
② 표준편차(Standard Deviation)
③ 왜도(Skewness)
④ 첨도(Kurtosis)

왜도(Skewness)는 분포의 비대칭성을 나타내며, 양의 왜도(+)는 꼬리가 오른쪽으로 길고 데이터가 왼쪽에 치우쳐 있음을 의미한다.

31 비출

가설 검정에서 '기존의 믿음' 또는 '아무런 변화가 없다'는 주장을 의미하며, 통계적 검정의 대상이 되는 가설은?

① 귀무가설
② 대립가설
③ 연구가설
④ 영가설

귀무가설(H_0)은 기존의 주장 또는 '차이가 없다'는 주장으로, 통계적으로 기각 여부를 판단하는 대상이 된다.

32

두 집단 간의 평균 차이가 통계적으로 유의미한지 비교할 때 사용되는 추론 통계 분석 기법은? (세 집단 이상을 비교할 때는 분산분석(ANOVA)을 사용한다.)

① 상관분석
② t-검정
③ 회귀분석
④ 요인분석

> t-검정은 두 집단 간의 평균 차이가 통계적으로 유의미한지 비교하는 데 사용되며, 세 집단 이상은 분산분석(ANOVA)을 사용한다.

33

통계적 추론 방법 중, 데이터가 특정 분포(주로 정규분포)를 따른다는 가정을 전제로 분석하는 기법은?

① 비모수적 방법(Nonparametric Methods)
② 모수적 방법(Parametric Methods)
③ 기술 통계(Descriptive Statistics)
④ 탐색적 분석(Exploratory Analysis)

> 모수적 방법은 데이터가 정규분포와 같은 특정 분포를 따른다는 가정을 전제로 통계적 분석을 수행하는 기법이다.

34

연속 확률 분포 중, 평균을 중심으로 좌우 대칭인 종 모양을 띠며 자연 현상 및 사회 현상에서 가장 흔하게 나타나는 분포는? (평균이 0이고 표준편차가 1인 경우를 표준정규분포라고 한다.)

① t-분포
② F-분포
③ 정규분포
④ 카이제곱분포

> 정규분포는 종 모양의 좌우 대칭 형태를 띠며, 자연 및 사회 현상에서 가장 흔하게 나타나 통계학에서 매우 중요하다.

35

다수의 관찰된 변수들 사이의 상관관계를 바탕으로 그 안에 숨어있는 소수의 잠재적인 요인(Latent Factor)을 추출하여 데이터의 차원을 줄이는 데 사용되는 다변량 분석 기법은?

① 다중회귀분석(Multiple Regression Analysis)
② 요인분석(Factor Analysis)
③ 군집분석(Cluster Analysis)
④ 다변량 분산분석(MANOVA)

> 요인분석(Factor Analysis)은 변수 간의 상관관계를 바탕으로 소수의 잠재적인 요인을 추출하여 데이터의 차원을 줄이는 데 사용된다.

36

나이브 베이즈(Naive Bayes) 분류기의 가장 큰 특징이자 단점으로 작용할 수 있는 것은?

① 클래스 간의 경계를 최대화하는 초평면을 찾는다.
② 데이터가 사전에 정의된 특정 분포를 따른다고 가정하지 않는다.
③ 각 클래스 내에서 입력 데이터의 여러 특성들이 서로 통계적으로 독립이라고 가정한다.
④ 새로운 데이터가 입력될 때마다 모든 데이터를 탐색하는 게으른 학습 방식(Lazy Learning)을 사용한다.

> 나이브 베이즈는 특성들 간의 통계적 독립성을 가정하기 때문에 계산이 간편하지만, 이 가정이 충족되지 않으면 성능에 영향을 미칠 수 있다.

정답   32 ② 33 ② 34 ③ 35 ② 36 ③

37

계층적 군집화에서 군집 간 거리 측정 방식 중, 두 군집에 속한 모든 데이터 포인트 쌍의 거리 평균을 군집 간 거리로 정의하는 연결법은?

① 최단 연결법(Single Linkage)
② 최장 연결법(Complete Linkage)
③ 평균 연결법(Average Linkage)
④ 와드 연결법(Ward's Linkage)

> 평균 연결법(Average Linkage)은 두 군집에 속한 모든 데이터 포인트 쌍의 거리 평균을 군집 간 거리로 정의한다.

38

군집 분석 기법 중, 사용자가 미리 정한 군집 수(K)에 따라 데이터를 그룹화하며 가장 널리 사용되는 분할형 군집화 방법은?

① K-최근접 이웃(KNN)
② K-평균 군집(K-Means Clustering)
③ 응집형 군집(Agglomerative Clustering)
④ 의사결정나무(Decision Tree)

> K-평균 군집(K-Means Clustering)은 가장 대표적인 분할형 군집화 방법으로, 군집 수 K를 사전에 정해야 한다.

39

서포트 벡터 머신(SVM)의 핵심 원리 중, 두 클래스 사이의 여백(Margin)을 최대화하는 최적의 결정 경계를 찾는 개념은?

① 커널 트릭(Kernel Trick)
② 분류 경계의 최대화(Margin Maximization)
③ 서포트 벡터(Support Vector)
④ 확률적 경사 하강법(Stochastic Gradient Descent)

> 분류 경계의 최대화는 서포트 벡터 머신(SVM)의 핵심 목표로, 두 클래스 사이의 여백(Margin)을 가장 넓게 확보하는 최적의 결정 경계를 찾는 원리이다.

40

판별분석(Discriminant Analysis)의 주요 활용 목적으로 옳지 않은 것은?

① 집단 분류: 새로운 개체가 어느 그룹에 속할지 예측한다.
② 변수 중요도 확인: 집단 분류에 중요한 변수를 파악한다.
③ 분류 성능 평가: 모형의 정확도를 평가한다.
④ 잠재 요인 추출: 변수들 사이에 숨어있는 요인을 찾아낸다.

> 잠재 요인 추출은 요인 분석(Factor Analysis)의 목적이며, 판별분석은 집단 분류 및 변수 중요도 확인에 중점을 둔다.

02 PART

41

K-최근접 이웃(KNN) 알고리즘의 주요 특징에 대한 설명으로 옳은 것은?

① 모수적 방법이며, 사전에 정의된 모델이 존재한다.
② 별도의 학습 과정 없이 전체 데이터를 저장하고 예측 시 탐색하는 게으른 학습(Lazy Learning) 방식이다.
③ 거리 계산시 특징(Feature)의 스케일에 영향을 받지 않아 전처리가 불필요하다.
④ 회귀(Regression) 문제에는 적용될 수 없으며 분류(Classification)에만 사용된다.

> K-최근접 이웃(KNN)은 별도의 학습 단계가 없어 게으른 학습 방식이며, 비모수적 방법으로 분류와 회귀 모두에 사용 가능하다.

정답 37 ③ 38 ② 39 ② 40 ④ 41 ②

42

연관성 분석에서 사용되는 지표 중, 전체 거래 중 항목 A와 항목 B가 동시에 포함되는 거래의 비율을 의미하는 지표는?

① 지지도(Support)
② 신뢰도(Confidence)
③ 향상도(Lift)
④ 빈도(Frequency)

지지도(Support)는 전체 거래 중 항목 A와 B가 동시에 포함되는 거래의 비율을 의미하며, 연관 규칙의 중요도를 나타낸다.

43

연관 분석 알고리즘 중, 반복적으로 데이터베이스 스캔 없이 트리 구조를 사용하여 빈발 항목 집합을 찾는 알고리즘으로, Apriori보다 빠른 성능을 보여 대규모 데이터에 적합한 것은?

① Apriori
② FP-Growth
③ Eclat
④ Market Basket Analysis

FP-Growth 알고리즘은 Apriori와 달리 반복적인 데이터베이스 스캔 없이 트리 구조를 사용하며 빠른 성능을 보인다.

44

두 개 이상의 종속변수(반응변수)가 있을 때, 독립변수(집단)에 따라 종속변수들의 평균 벡터가 서로 다르다는 가설을 검정하는 통계 기법은?

① ANOVA(분산분석)
② T-Test(T-검정)
③ MANOVA(다변량 분산분석)
④ Multiple Regression Analysis(다중회귀분석)

MANOVA(다변량 분산분석)는 두 개 이상의 종속변수를 동시에 분석하여 집단 간 평균 벡터의 차이를 검정하는 통계 기법이다.

45

이산확률분포 중, 특정 구간 내의 모든 값이 발생할 가능성이 동일한 확률 분포로, 주사위를 던질 때 각 숫자가 나올 확률이 같은 경우에 적용되는 분포는?

① 이항분포
② 포아송분포
③ 정규분포
④ 균일분포

균일분포는 특정 구간 내의 모든 값이 발생할 가능성이 동일한 확률 분포이다.

46

R에서 데이터 구조 중 하나의 데이터 타입만 저장할 수 있으며, c() 함수를 사용하여 생성하는 1차원 데이터 구조는?

① 스칼라(Scalar)
② 벡터(Vector)
③ 행렬(Matrix)
④ 리스트(List)

벡터(Vector)는 R의 1차원 데이터 구조로, 동일한 데이터 타입의 여러 값을 저장하며 c() 함수로 생성한다.

47

기술 통계량 중, 각 데이터가 평균에서 얼마나 떨어져 있는지를 제곱하여 평균을 낸 값으로, 데이터가 평균 주위에 얼마나 밀집해 있는지 보여주는 지표는?

① 범위(Range)
② 분산(Variance)
③ 표준편차(Standard Deviation)
④ 사분위수 범위(IQR)

분산(Variance)은 각 데이터가 평균에서 떨어진 정도(편차)를 제곱하여 평균을 낸 값으로, 데이터의 밀집 정도를 보여준다.

정답　　　42 ①　43 ②　44 ③　45 ④　46 ②　47 ②

48

군집분석의 주요 특징으로 옳지 않은 것은?

① 비지도 학습(Unsupervised Learning)에 속한다.
② 군집 내 개체들의 유사성은 최소화하고, 군집 간의 이질성은 최대화하는 것을 목표로 한다.
③ 데이터 간의 유사성을 측정하는 척도로 거리 기반 척도(예) 유클리드 거리)를 사용한다.
④ 데이터 요약 및 구조 파악에 도움을 주는 탐색적 분석 방법이다.

군집분석은 같은 군집 내의 유사성을 최대화하고, 군집 간의 이질성은 최소화하는 것을 목표로 한다.

49

비모수적 검정 방법 중, 범주형 데이터 간의 연관성을 분석하여 두 변수 사이에 독립성이 있는지를 확인하는 데 주로 사용되는 검정은?

① t-검정
② ANOVA
③ 카이제곱(x^2) 검정
④ 맨-휘트니 U 검정

카이제곱(x^2) 검정은 범주형 데이터 간의 연관성(독립성)을 분석하는 대표적인 비모수적 방법이다.

50

다중 회귀분석모형의 식으로 옳은 것은? (Y: 종속변수, x: 독립변수, β: 회귀계수, ϵ: 오차항)

① $\beta_0 + \beta_1 x_1 + \epsilon$
② $\beta_0 + \beta_1 x_1 + \beta_2 x_2 + ... + \epsilon$
③ $\beta_0 + \beta_1 x_1 + \beta_2 x_2 + ...$
④ $\beta_0 + \beta_1 x_1 + \beta_2 x_2 + \epsilon$

다중회귀분석은 하나의 종속변수에 영향을 미치는 두 개 이상의 독립변수의 관계를 분석하는 모형이므로 $Y = (\beta_0 + \beta_1 x_1 + \beta_2 x_2 + ... + \epsilon)$ 같이 표현된다.

정답   48 ② 49 ③ 50 ②

1 데이터 이해

01

정형 데이터와 비정형 데이터에 대한 설명으로 옳은 것은?

① 정형 데이터는 XML, JSON 형태의 데이터이다.
② 비정형 데이터는 행과 열로 구성된 테이블 형태이다.
③ 정형 데이터는 데이터베이스의 테이블처럼 구조화되어 있다.
④ 비정형 데이터는 숫자와 날짜만 포함한다.

정형 데이터는 정해진 형식(스키마)을 가지고 있으며, 데이터베이스의 테이블처럼 행과 열로 구성되어 구조화된 데이터이다.

02

지식경영의 SECI 모델 중 '형식지 → 형식지'에 해당하는 단계는?

① 공통화(Socialization)
② 표출화(Externalization)
③ 연결화(Combination)
④ 내면화(Internalization)

연결화(Combination)는 다양한 형식지들을 결합하여 더 새롭고 체계적인 형식지를 만들어내는 단계이다.

03

데이터베이스와 데이터 웨어하우스의 차이점으로 옳지 않은 것은?

① 데이터베이스는 실시간 트랜잭션 처리(OLTP)에 사용된다.
② 데이터 웨어하우스는 복잡한 분석 및 보고(OLAP)에 사용된다.
③ 데이터베이스는 비정규화된 스키마를 사용한다.
④ 데이터 웨어하우스는 여러 이기종 소스의 데이터를 통합한다.

데이터베이스는 데이터 무결성을 위한 정규화된 스키마를 사용한다. 비정규화된 스키마를 사용하는 것은 데이터 웨어하우스이다.

04

CRM(고객 관계 관리)에 대한 설명으로 옳은 것은?

① 원자재 조달부터 생산, 재고, 물류 관리까지 전 과정을 관리한다.
② 고객 데이터 및 상호작용을 통합하여 고객과의 관계를 효율적으로 관리한다.
③ 조직 내 축적된 지식과 정보를 수집, 저장, 공유하는 시스템이다.
④ 기업의 회계, 인사, 판매, 생산 등을 통합 관리하는 소프트웨어이다.

CRM(고객 관계 관리)은 고객 데이터 및 상호작용을 통합하여 고객과의 관계를 효율적으로 관리하고 개선하는 전략과 기술을 의미한다.

정답 01 ③ 02 ③ 03 ③ 04 ②

05 ⭐빈출

빅데이터 출현 배경으로 적절하지 않은 것은?

① 저장 기술 발전 및 가격 하락
② 클라우드 컴퓨팅의 등장
③ 사물 인터넷(IoT)의 확산
④ 데이터 처리 비용의 급격한 상승

빅데이터는 저장 및 처리 비용의 하락으로 출현했다. 비용 상승이 아니라 하락이 빅데이터 시대를 가능하게 했다.

06

빅데이터의 가치 측정에 대한 설명으로 옳은 것은?

① 빅데이터의 가치는 정확하게 산정할 수 있다.
② 데이터는 한 번 사용하면 가치가 소멸된다.
③ 분석 기술의 발전으로 데이터의 잠재적 가치가 높아진다.
④ 빅데이터는 재사용이나 재조합이 불가능하다.

빅데이터는 분석 기술의 발전 및 데이터 재사용으로 새로운 가치를 계속 창출하며, 잠재적 가치가 높아지는 특징이 있다.

07

데이터 비즈니스 모델 중 '물류 수요 예측을 통한 배송 경로 최적화'에 해당하는 모델은?

① 데이터 기반 서비스 모델
② 운영 효율성 개선 모델
③ 혁신 및 신사업 모델
④ 플랫폼 모델

운영 효율성 개선 모델은 빅데이터 분석을 통해 기업의 운영 과정을 최적화하고 비용을 절감하는 모델이다.

08

빅데이터 시대의 위기 요인과 통제 방안의 연결이 옳지 않은 것은?

① 사생활 침해 - 개인정보 비식별화 기술 도입
② 책임 원칙 훼손 - 결과 기반 책임 원칙 강화
③ 데이터 오용 - 알고리즘 접근 제한 및 차단
④ 개인정보 유출 - 동의제에서 책임제로 전환

데이터 오용 방지를 위해서는 알고리즘 접근을 '제한'하는 것이 아니라 '허용'하여 투명성을 확보하고 전문가가 공정성을 검증할 수 있도록 해야 한다.

09 ⭐빈출

가명처리(Pseudonymization) 기법에 해당하지 않는 것은?

① 휴리스틱 가명화(Heuristic Pseudonymization)
② 암호화(Encryption)
③ 교환(Swapping)
④ 총계처리(Aggregation)

총계처리(Aggregation)는 여러 데이터의 값을 합산하거나 평균을 내어 통계값을 사용하는 별도의 비식별화 기법이다.

10

데이터 사이언스의 핵심 구성요소에 해당하지 않는 것은?

① 분석 영역 - 수학, 통계학, 머신러닝
② IT 영역 - 데이터 수집, 처리, 저장
③ 도메인 지식 - 전문 지식, 문제 정의, 소통
④ 마케팅 영역 - 광고 제작, 프로모션 기획

데이터 사이언스의 핵심 구성요소는 분석 영역, IT 영역, 도메인 지식 및 비즈니스 컨설팅이다. 마케팅 영역은 핵심 구성요소가 아니다.

정답 05 ④ 06 ③ 07 ② 08 ③ 09 ④ 10 ④

11 빈출

분석기획 단계에서 SMART 원칙의 S가 의미하는 것은?

① Specific(구체적)
② Secure(보안)
③ Scalable(확장성)
④ Simple(단순성)

> SMART의 S는 Specific(구체적)을 의미한다.

12

데이터 준비(Data Preparation) 단계에 해당하는 활동으로 옳지 않은 것은?

① 결측값(Missing Value) 처리
② 이상값(Outlier) 탐지 및 처리
③ 모델 배포(Deployment)
④ 변수(Feature) 생성 및 변환

> 모델 배포(Deployment)는 데이터 준비 단계 활동이 아니다.

13

빅데이터 분석 특성상 데이터 준비 단계가 전체 프로젝트에서 차지하는 시간 비중은 일반적으로 얼마인가?

① 5 ~ 10%
② 20 ~ 30%
③ 60 ~ 80%
④ 90 ~ 95%

> 통상 데이터 준비(전처리)가 전체 프로젝트에서 가장 많은 시간 (60 ~ 80%)을 차지한다.

14

CRISP-DM에서 'Deployment(전개)' 단계의 주된 활동으로 가장 적절한 것은?

① 모델 설계 문서화
② 분석 결과를 실제 시스템·업무에 적용하고 모니터링 체계 구축
③ 데이터 수집 계획 수립
④ 데이터 전처리 수행

> Deployment(전개)는 모델 분석 결과를 실제 시스템·업무에 적용하고 모니터링 체계를 구축한다.

15 빈출

애자일 방법론(Agile)의 핵심 특징으로 옳은 것은?

① 모든 요구사항을 프로젝트 초기에 확정하고 변경을 금지한다.
② 짧은 주기(스프린트)로 반복 개발하며 고객 피드백을 반영한다.
③ 대형 문서화와 고정된 산출물을 중시한다.
④ 변경 관리를 엄격히 제한하여 안정성을 확보한다.

> 애자일 방법론(Agile)은 짧은 반복주기에서 고객 피드백을 반영하는 방법론이다.

16

상향식(Bottom-Up) 접근의 장점으로 가장 적절한 것은?

① 비즈니스 목표와 항상 직결된다.
② 기존 데이터에서 발견되는 숨겨진 기회를 찾아낼 수 있다.
③ 문제 정의 없이 바로 전사적 실행에 적합하다.
④ 실행 속도가 항상 빠르다.

> 상향식(Bottom-Up) 접근은 데이터 자체를 탐색하여 숨겨진 기회를 찾는 데 유리하다.

정답   11① 12③ 13③ 14② 15② 16②

17

'데이터 속도(Analysis Speed)'의 의미로 가장 적절한 것은?

① 데이터 수집 및 전송의 신속성
② 분석 모델 계산 및 학습의 효율성
③ 데이터 수집부터 분석 결과 적용까지 전 과정의 처리 속도 및 실시간성 요구 수준
④ 분석 프로젝트 수행 기간의 단축 수준

데이터 속도(Analysis Speed)는 데이터 수집 · 처리 · 분석 · 적용 등 전체 처리속도와 실시간성 요구도를 포함한다.

18

분석과제 우선순위 결정 시 ROI(Return on Investment)를 고려하는 이유는?

① 프로젝트의 기술적 난이도 파악을 위해서만 사용된다.
② 투자 대비 기대되는 비즈니스 가치를 정량적으로 평가하기 위해서이다.
③ 우선순위를 무시하고 기술 중심으로 과제를 선정하기 위해서이다.
④ 데이터 거버넌스와는 무관한 요소이다.

ROI(Return on Investment)는 투자 대비 기대되는 비즈니스 가치를 정량적으로 평가하여 우선순위 결정에 활용한다.

19

포트폴리오 사분면 분석에서 Strategy 영역의 특징은?

① 중요도 낮고 실행 용이성 낮음
② 중요도 높고 실행 용이성 낮음
③ 중요도 낮고 실행 용이성 높음
④ 중요도 높고 실행 용이성 높음

Strategy 영역은 중요도는 높지만 실행이 어려운 장기 전략 과제이다.

20 빈출

분석 마스터 플랜 이행 단계 중 Seed/Quick Win 단계의 주된 목적은?

① 전사적 인프라 구축 및 최적화
② 소규모 파일럿으로 성공 경험 확보 및 초기 문제 검증
③ 분석 인력 전면 해고
④ 장기 전략 과제만 수행

Seed/Quick Win은 작은 파일럿으로 초기 성공 경험을 확보하는 단계이다.

---

3   데이터분석

21

리스트(List) 데이터 구조의 특징으로 가장 적절한 것은?

① 하나의 값(숫자, 문자열)만 저장하는 가장 기본적인 형태이다.
② 동일한 데이터 타입만 저장할 수 있는 2차원 데이터 구조이다.
③ 여러 종류의 데이터 타입(숫자, 문자열, 벡터 등)을 섞어서 저장할 수 있는 가장 유연한 다중형 데이터 구조이다.
④ 행과 열로 구성되지만, 모든 원소가 같은 데이터 형태를 가져야 한다.

리스트(List)는 숫자, 문자열, 벡터, 다른 리스트 등 모든 종류의 데이터를 담을 수 있는 가장 유연한 다중형 데이터 구조이다.

정답   17 ③   18 ②   19 ②   20 ②   21 ③

22

R에서 c(TRUE, FALSE, TRUE)와 같이 참/거짓의 이진(Binary) 값을 가지는 데이터 형식은?

① 숫자형(Numeric)
② 문자형(Character)
③ 논리형(Logical)
④ 팩터형(Factor)

> 참(TRUE) 또는 거짓(FALSE)의 이진 값을 가지는 데이터 형식은 논리형(Logical)이며, R에서는 반드시 대문자로 작성해야 인식된다.

23

데이터 분석에 사용될 수 있는 가장 기본적인 형태의 변수이며, 수집된 원본 데이터를 그대로 사용하는 변수는?

① 일반변수(Original Variable)
② 요약변수(Summary Variable)
③ 파생변수(Derived Variable)
④ 잠재변수(Latent Variable)

> 일반변수(Original Variable)는 수집된 원본 데이터를 그대로 사용하는 가장 기본적인 형태의 변수이다.

24

이상값(Outlier)을 처리하는 방법 중, 이상값을 결측값(NA)으로 처리한 후 결측값 처리 기법을 적용하는 방식은?

① 제거
② 대체
③ 유지
④ 변환

> 대체 방법 중 하나로, 이상값을 평균/중앙값 등으로 대체하거나, 이상값을 결측값으로 처리한 후 결측값 처리 기법(예 예측값 대입)을 적용할 수 있다.

25

데이터의 변동성(흩어진 정도)을 측정하는 지표 중, 데이터의 척도와 동일한 단위를 사용하므로 분산보다 해석이 더 직관적인 지표는?

① 범위(Range)
② 분산(Variance)
③ 표준편차(Standard Deviation)
④ 사분위수 범위(IQR)

> 표준편차(Standard Deviation)는 분산에 제곱근을 취한 값으로, 데이터의 척도와 동일한 단위를 사용하여 해석이 직관적이다.

26

통계학의 분류 중, 표본 데이터를 이용하여 모집단의 특성을 추론하고 가설을 검정하는 방법은?

① 기술 통계
② 추론 통계
③ 양적 통계
④ 질적 통계

> 추론 통계는 표본 데이터를 분석하여 모집단의 특성을 추정하거나 가설을 검정하는 통계적 방법이다.

27

측정 척도 중, 변수를 크기 순서대로 배열할 수 있지만, 범주 간의 차이가 얼마나 나는지는 알 수 없는 척도는? (예 학력, 만족도 등급)

① 명목척도(Nominal Scale)
② 서열척도(Ordinal Scale)
③ 등간척도(Interval Scale)
④ 비율척도(Ratio Scale)

> 서열척도(Ordinal Scale)는 순서대로 배열할 수 있지만, 간격의 의미는 없어 범주 간 차이를 알 수 없다.

정답 22 ③ 23 ① 24 ② 25 ③ 26 ② 27 ②

28

포아송분포를 따르는 사건들 사이의 대기 시간을 모델링하며, 시스템의 고장률이 일정할 때 두 고장 사이의 시간을 나타내는 연속 확률 분포는?

① 균일분포
② 이항분포
③ 지수분포
④ 감마분포

지수분포는 포아송분포를 따르는 사건들 사이의 대기 시간을 모델링하는 연속확률분포이다.

29

다변량 분석 중, 하나의 결과 변수(종속변수)에 영향을 미치는 여러 원인 변수(독립변수)들의 영향력을 분석하고 예측하는 기법은?

① 다중회귀분석
② 요인분석
③ 군집분석
④ 판별분석

다중회귀분석은 여러 독립변수가 하나의 종속변수에 미치는 영향의 정도와 유의성을 분석한다.

30

계층적 군집 분석의 응집형(Agglomerative) 방식에서, 두 군집에 속한 가장 가까운 데이터 포인트 사이의 거리를 군집 간 거리로 정의하는 연결법은?

① 최단 연결법(Single Linkage)
② 최장 연결법(Complete Linkage)
③ 평균 연결법(Average Linkage)
④ 와드 연결법(Ward's Linkage)

최단 연결법(Single Linkage)은 두 군집에 속한 가장 가까운 데이터 포인트 사이의 거리를 군집 간 거리로 정의한다.

31

나이브 베이즈 분류기의 장점으로 옳지 않은 것은?

① 계산 비용이 적어 훈련 속도가 매우 빠르다.
② 구현이 간단하다.
③ 고차원 데이터에서 잘 작동한다.
④ 훈련 데이터에 나타나지 않은 특성이 있는 경우 발생하는 0-빈도 문제를 자체적으로 해결한다.

나이브 베이즈는 훈련 데이터에 나타나지 않은 특성이 있는 경우 0-빈도 문제가 발생하여 성능이 저하될 수 있으며, 이를 해결하기 위한 별도의 평활화(Smoothing) 기법이 필요하다.

32 빈출

서포트 벡터 머신(SVM)에서 결정 경계와 가장 가까운 데이터 포인트를 의미하는 것은? (이 데이터 포인트를 중심으로 모델이 구축된다.)

① 여백(Margin)
② 초평면(Hyperplane)
③ 서포트 벡터(Support Vector)
④ 커널(Kernel)

서포트 벡터(Support Vector)는 결정 경계(초평면)와 가장 가까이에 위치하는 경계점 데이터이다.

33

K-최근접 이웃(KNN) 알고리즘에서 새로운 데이터의 값을 예측할 때, K개의 이웃에 해당하는 값들의 평균을 내어 예측하는 방식은?

① 분류(Classification)
② 회귀(Regression)
③ 군집(Clustering)
④ 차원축소(Dimension Reduction)

K-최근접 이웃(KNN)은 K개 이웃 값들의 평균을 내어 예측하는 방식으로 회귀(Regression) 문제를 해결할 수 있다.

정답   28 ③   29 ①   30 ①   31 ④   32 ③   33 ②

34

연관성 분석의 지표 중, 항목 A를 구매한 거래 중 항목 B가 포함된 거래의 비율을 의미하는 지표는?

① 지지도
② 신뢰도
③ 향상도
④ 기대 신뢰도

신뢰도는 규칙의 조건부 확률로, 항목 A를 구매했을 때 항목 B도 구매할 확률 P(B|A)을 의미한다.

35

install.packages("패키지명") 함수를 사용하여 R 패키지를 설치한 후, 해당 패키지를 R 세션에서 사용하기 위해 불러오는 데 사용하는 함수는?

① library("패키지명")
② attach("패키지명")
③ load("패키지명")
④ require("패키지명")

R 패키지를 설치한 후 R 세션에서 해당 패키지의 기능을 사용하려면 library() 함수로 불러와야 한다.

36

데이터 탐색 시 이상값(Outlier)을 시각적으로 확인하는 데 가장 유용한 그래프는?

① 히스토그램(Histogram)
② 산점도(Scatter Plot)
③ 상자 그림(Box Plot)
④ 막대 그래프(Bar Graph)

상자 그림(Box Plot)은 데이터의 사분위수와 함께 이상값을 시각적으로 명확하게 보여주는 데 유용하다.

37

표본의 크기가 커질수록 감소하는 경향이 있으며, 전수 조사에서는 발생하지 않는 통계적 오차는?

① 표본오차
② 비표본오차
③ 제1종 오류
④ 제2종 오류

표본오차는 표본이 모집단을 완벽하게 대표하지 못해 발생하며, 표본 크기가 커질수록 감소하는 경향이 있다.

38

세 개 이상의 집단 간 평균 차이를 비교할 때 사용되는 모수적 가설 검정 기법은?

① t-검정
② 상관분석
③ 분산분석
④ 카이제곱 검정

분산분석(ANOVA)은 세 개 이상의 집단 간 평균 차이가 통계적으로 유의미한지 비교할 때 사용되는 모수적 방법이다.

39

감마분포에서 분포의 전반적인 형태를 결정하며, 값이 커질수록 분포가 더 뾰족해지는 경향을 보이는 모수는?

① 척도 모수
② 형상 모수
③ 자유도
④ 평균

형상 모수(α)는 감마 분포의 전반적인 형태를 결정하며, 값이 커질수록 분포가 더 뾰족해진다.

 정답   34 ②   35 ①   36 ③   37 ①   38 ③   39 ②

40

모집단의 표준편차를 모를 때 표본의 정보를 바탕으로 모집단의 평균을 추정하거나 가설을 검정할 때 사용되는 확률 분포는? (자유도가 커질수록 표준정규분포에 가까워진다.)

① 정규분포
② t-분포
③ F-분포
④ 카이제곱분포

t-분포는 모집단의 표준편차를 모를 때 사용되며, 자유도(표본 크기-1)가 커질수록 표준정규분포에 가까워진다.

41

데이터 분포의 뾰족한 정도를 나타내는 지표는?

① 왜도(Skewness)
② 첨도(Kurtosis)
③ 범위(Range)
④ 중앙값(Median)

첨도(Kurtosis)는 데이터 분포의 뾰족한 정도를 나타낸다.

42

군집 내 편차의 제곱 합(Sum of Squares)을 최소화하는 방향으로 군집을 병합하는 계층적 군집 연결법은?

① 최단 연결법(Single Linkage)
② 최장 연결법(Complete Linkage)
③ 평균 연결법(Average Linkage)
④ 와드 연결법(Ward's Linkage)

와드 연결법(Ward's Linkage)은 군집 내 편차의 제곱 합(Sum of Squares)을 최소화하여 가장 동질적인 군집을 병합한다.

43 ⭐빈출

판별분석(Discriminant Analysis)의 가정 중 각 그룹 데이터가 따라야 한다고 전제하는 확률 분포는?

① 균일분포
② 이항분포
③ 정규분포
④ 포아송분포

판별분석(Discrimnant Analysis)은 각 클래스의 데이터가 정규분포를 따른다는 가정을 전제로 분석을 수행한다.

44

회귀분석에서 독립변수가 종속변수에 미치는 영향의 크기와 방향을 나타내는 값은?

① 잔차
② 오차항
③ 회귀계수
④ 결정계수

회귀계수(β)는 각 독립변수가 종속변수에 미치는 영향의 크기(기울기)와 방향을 나타낸다.

45

데이터 구조 중, 행과 열로 구성된 2차원 형태를 띠지만 동일한 데이터 타입의 원소만을 가지는 구조는?

① 벡터(Vector)
② 리스트(List)
③ 데이터 프레임(Data Frame)
④ 행렬(Matrix)

행렬(Matrix)은 행과 열로 구성된 2차원 데이터 구조이지만, 벡터처럼 동일한 데이터 타입의 원소만을 가진다.

정답   40 ②   41 ②   42 ④   43 ③   44 ③   45 ④

46

질적 변수(예 성별, 지역)를 측정할 때 주로 사용하는 척도는?

① 명목척도, 서열척도
② 등간척도, 비율척도
③ 등간척도만
④ 비율척도만

> 질적 변수는 계량화할 수 없는 변수로, 명목척도(예 성별, 지역)나 서열척도(예 학력, 만족도)를 사용한다.

47

군집 분석의 응집형(Agglomerative) 방식을 시각화하여 군집 간의 거리와 계층적 구조를 한눈에 보여주는 트리 형태의 다이어그램은?

① 히스토그램
② 덴드로그램
③ 산점도
④ 분산분석표

> 덴드로그램은 계층적 군집 분석의 결과를 트리 형태로 시각화하여 군집의 계층적 구조를 보여준다.

48

연관성 분석의 지표 중, A와 B가 동시에 발생할 확률이 A와 B가 독립적으로 발생할 확률보다 얼마나 큰지를 나타내는 지표는? (독립적인 경우 확률이 1이 된다.)

① 지지도
② 신뢰도
③ 향상도
④ 기대 신뢰도

> 향상도는 항목 A와 B가 독립일 때(향상도=1)보다 얼마나 더 자주 함께 발생(연관성이 있는지)하는지를 나타내는 지표이다.

49

데이터 마이닝 기법 중, 새로운 데이터를 분류하거나 예측할 때 주변의 K개 이웃 데이터를 찾아 가장 많은 이웃이 속한 범주로 분류하는 비모수적 기법은?

① 로지스틱 회귀
② 서포트 벡터 머신
③ K-최근접 이웃
④ 선형 판별 분석

> K-최근접 이웃(KNN)은 새로운 데이터 주변의 K개 이웃을 탐색하여 분류하는 비모수적, 게으른 학습 기법이다.

50

모집단의 모수를 하나의 값으로 추정하는 기법은?

① 구간 추정
② 점 추정
③ 가설 검정
④ 표본 추출

> 점 추정은 표본 평균과 같이 하나의 값을 사용하여 모집단의 모수를 추정하는 기법이다.

정답

46 ① 47 ② 48 ③ 49 ③ 50 ②

1 데이터 이해

01

DIKW 피라미드의 단계를 올바르게 나열한 것은?

① 지혜 → 지식 → 정보 → 데이터
② 데이터 → 지식 → 정보 → 지혜
③ 데이터 → 정보 → 지식 → 지혜
④ 정보 → 데이터 → 지식 → 지혜

> DIKW 피라미드는 데이터(Data) → 정보(Information) → 지식(Knowledge) → 지혜(Wisdom) 순서로 가치가 상승한다.

02

암묵지와 형식지에 대한 설명으로 옳지 않은 것은?

① 암묵지는 개인의 경험을 통해 체화된 비언어적 지식이다.
② 형식지는 문서, 매뉴얼 등으로 명확하게 표현된 지식이다.
③ 암묵지는 형식지보다 공유가 쉽다.
④ 형식지는 객관적이고 재생산이 가능하다.

> 암묵지는 말이나 글로 표현하기 어려워 공유가 어렵다. 형식지가 암묵지보다 공유가 쉽다.

03

데이터 웨어하우스의 시계열적(Time-variant) 특징에 대한 설명으로 옳은 것은?

① 데이터가 한 번 저장되면 삭제되거나 변경되지 않는다.
② 시간에 따라 변화하는 데이터를 저장하고 과거 데이터가 누적된다.
③ 특정 비즈니스 주제를 중심으로 데이터가 구성된다.
④ 여러 운영 시스템의 데이터를 일관된 형식으로 통합한다.

> 시계열적(Time-variant) 특징은 시간에 따라 변화하는 데이터를 저장하고 과거 데이터가 누적되어 시간의 흐름에 따른 추세 분석이 가능한 것을 말한다.

04

SCM(공급망 관리)에 대한 설명으로 옳은 것은?

① 고객의 구매 데이터를 분석하여 맞춤형 서비스를 제공한다.
② 원자재 조달부터 생산, 재고, 물류 관리까지 전 과정을 효율적으로 관리한다.
③ 기업의 회계, 인사, 판매를 하나의 시스템으로 통합한다.
④ 기업의 데이터를 분석하여 의사 결정을 돕는 기술이다.

> SCM(공급망 관리)은 원자재의 조달부터 생산, 재고, 물류 관리에 이르기까지 제품이 시장에 출시되기까지의 전 과정을 효율적으로 관리하는 시스템이다.

정답 01 ③ 02 ③ 03 ② 04 ②

05

빅데이터 분석 전략으로 옳지 않은 것은?

① 데이터의 양이 아닌 유형의 다양성이 중요하다.
② 더 많은 데이터가 항상 더 나은 가치로 연결된다.
③ 직관이 아닌 데이터에 기초한 의사결정이 중요하다.
④ 객관적이고 종합적인 통찰을 줄 수 있는 데이터를 찾는 것이 중요하다.

> 빅데이터 분석에서 더 많은 데이터가 자동으로 더 나은 가치로 연결되는 것은 아니다. 데이터의 질과 적절성이 중요하다.

06

가치 패러다임 변화의 3단계를 올바르게 나열한 것은?

① Connection → Digitalization → Agency
② Digitalization → Agency → Connection
③ Agency → Digitalization → Connection
④ Digitalization → Connection → Agency

> 가치 패러다임 변화는 Digitalization(디지털화) → Connection (연결) → Agency(대행/관리) 순서로 진행된다.

07

데이터 비즈니스 모델 활용 사례로 옳지 않은 것은?

① 유통 - 개인화된 상품 추천 및 수요 예측
② 금융 - 부정 거래 탐지 및 맞춤형 금융 상품 추천
③ 의료 - 개인 맞춤형 치료 및 신약 개발
④ 제조업 - 고객 감정 분석을 통한 마케팅 전략 수립

> 제조업에서는 설비 예지 보전, 품질 관리 등에 빅데이터를 활용한다. 고객 감정 분석은 주로 엔터테인먼트나 마케팅 분야의 활용 사례이다.

08

연관규칙 학습에 대한 설명으로 옳은 것은?

① 하나 이상의 독립변수가 종속변수에 미치는 영향을 분석한다.
② 입력 데이터를 사전에 정의된 범주로 분류한다.
③ 대규모 데이터베이스에서 변수 간의 흥미로운 관계를 발견한다.
④ 텍스트의 긍정적, 부정적 감정을 자동으로 식별한다.

> 연관규칙 학습은 대규모 데이터베이스에서 변수 간의 흥미로운 관계를 발견하기 위한 규칙 기반 비지도 학습 방법이다.

09

데이터 마스킹(Data Masking)에 대한 설명으로 가장 적절한 것은?

① 개인 식별자를 다른 값으로 대체하는 방법
② 여러 데이터의 값을 합산하거나 평균을 내는 방법
③ 데이터의 일부를 가리거나 대체하여 원래 정보를 알 수 없게 하는 방법
④ 데이터의 값을 특정 범위로 묶어 상세 수준을 낮추는 방법

> 데이터 마스킹은 데이터의 일부를 가리거나 대체하여 원래 정보를 알 수 없게 만드는 방법이다. (예) 전화번호 일부를 별표(*)로 표시)

10

데이터 사이언티스트의 전략적 사고 역량에 해당하지 않는 것은?

① 총체적 접근법
② 미래 예측 및 트렌드 파악 능력
③ 가치 기반 분석
④ 데이터베이스 정규화 설계 능력

> 데이터베이스 정규화 설계는 기술적 역량에 해당한다. 전략적 사고 역량은 총체적 접근, 미래 예측, 가치 기반 분석 등을 포함한다.

 정답　　　05 ② 　06 ④ 　07 ④ 　08 ③ 　09 ③ 　10 ④

11

데이터 분석 결과를 의사결정에 반영하는 가장 중요한 요소는?

① 시각화(Visualization)만 잘 되어 있으면 충분하다.
② 결과의 신뢰성(데이터 품질) 및 비즈니스 유효성 (비즈니스 해석)이 확보되어야 한다.
③ 모델의 복잡도만 높으면 된다.
④ 결과를 문서화하는 것만으로 충분하다.

신뢰성(데이터 품질)과 비즈니스 유효성(해석 가능성)이 확보되어야 의사결정에 반영이 가능하다.

12

데이터 거버넌스에서 '메타데이터(Metadata) 관리'의 주된 목적은?

① 데이터 자체를 암호화하기 위함
② 데이터에 대한 설명(출처·정의·형식)을 관리하여 재사용성과 이해도를 높이기 위함
③ 모델 파라미터를 저장하기 위함
④ 클라우드 비용을 절감을 위함

메타데이터(Metadata)는 데이터의 출처·정의·형식 등 설명을 관리해 재사용성과 이해도를 높인다.

13

분석 준비도(Readiness) 평가 항목에 포함되지 않는 것은?

① IT 인프라(플랫폼·도구)
② 분석 문화(조직 내 데이터 활용성)
③ 개인의 취미와 선호도
④ 분석 인력의 역량

분석 준비도(Readiness) 평가는 IT 인프라, 조직 문화, 데이터, 인력 등을 포함한다. 개인의 취미와 선호도는 평가 항목이 아니다.

14

혼합 조직(Hybrid/CoE: Center of Excellence) 구조의 장점으로 옳은 것은?

① 중앙전담팀 없이 모든 걸 각 부서에 위임한다.
② 중앙전문가(CoE)가 표준·플랫폼을 관리하고 현업에 소규모 분석인력을 배치하여 균형을 유지한다.
③ 표준화가 불가능하다.
④ 분석 역량이 전혀 향상되지 않는다.

혼합 조직(Hybrid/CoE)는 중앙전문가가 표준·플랫폼을 관리하고 현업에 소규모 인력을 배치하는 균형형 구조이다.

15

데이터 표준화(Data Standardization)의 목적은?

① 데이터의 일관성과 해석의 균일성 확보
② 모델 정확도만 높임
③ 데이터 삭제를 목적으로 함
④ 데이터 시각화 전용 작업

데이터 표준화는 데이터의 일관성·해석의 균일성 확보가 목적이다.

16

분석 과제 관리 프로세스에서 '과제 심의 및 승인' 단계의 주요 고려사항으로 옳지 않은 것은?

① 비즈니스 가치(전략 연계성)
② 구현 난이도(실행 용이성)
③ 기타 개인적 선호도(담당자 취향)
④ 예상 소요 자원(인력·예산)

과제 심의 및 승인 단계는 비즈니스 가치, 구현 난이도, 자원 등을 고려해야 하고 개인적 선호는 부적절하다.

정답   11② 12② 13③ 14② 15① 16③

17 ⭐

분석 모델 하이퍼파라미터 튜닝(Hyperparameter Tuning)의 목적은?

① 모델의 하이퍼파라미터를 조정하여 성능(예 Accuracy, Precision)을 최적화하기 위함
② 데이터베이스 스키마를 변경하기 위함
③ 보고서 디자인을 개선하기 위함
④ 데이터 수집을 자동화하기 위함

> 하이퍼파라미터 튜닝(Hyperparameter Tuning)은 모델 성능 최적화가 목적이다.

18

분석 프로젝트의 리스크 관리에서 '데이터 접근성 이슈'가 의미하는 것은?

① 데이터가 너무 많아서 분석이 느려지는 현상만 의미
② 필요한 데이터에 적시에 접근(권한/기술적 연결)이 불가능하거나 제한되는 상황을 의미
③ 데이터 시각화가 잘 되지 않는 문제를 의미
④ 모델이 과적합(Overfitting)되는 문제를 의미

> 데이터 접근성 이슈는 권한·연결 등의 문제로 필요한 데이터에 제때 접근 못하는 상황을 의미한다.

19 ⭐

데이터 활용 극대화를 위해 고려해야 할 요소로 옳지 않은 것은?

① 내부/외부 데이터 통합 전략
② 데이터 보안·개인정보 보호 조치
③ 분석 전담 인력 육성
④ 모든 데이터를 무작정 공개

> 모든 데이터를 무작정 공개하는 것은 보안·규정상 잘못된 접근이다.

20

분석 성숙도(Analytics Maturity)에서 최적화 단계의 특징은?

① 분석 활동이 파편화되어 있음
② 데이터 기반 의사결정이 전사적으로 정착되어 지속적 개선이 이루어짐
③ 분석 도구가 전혀 도입되지 않음
④ 단순히 파일럿만 수행함

> 최적화 단계는 데이터 기반 의사결정 정착과 지속적인 개선 활동이 특징이다.

---

3 | 데이터분석

21

R의 데이터 구조 중, 2차원 이상의 다차원 데이터를 저장할 수 있는 구조는?

① 행렬(Matrix)
② 배열(Array)
③ 리스트(List)
④ 데이터 프레임(Data Frame)

> 배열(Array)은 행렬과 비슷하지만 2차원 이상의 다차원 데이터를 저장할 수 있는 구조이다.

 정답   17 ① 18 ② 19 ④ 20 ② 21 ②

22 ⭐빈출

R 데이터 형식 중, '남성', '여성'과 같은 성별 데이터나 '작음', '보통', '큼'과 같은 등급을 나타낼 때 사용되는 데이터 형식으로, 명목형 또는 순서형 변수를 나타내는 데 사용되는 것은?

① 문자형(Character)
② 숫자형(Numeric)
③ 논리형(Logical)
④ 팩터형(Factor)

팩터형(Factor)은 명목형 또는 순서형 변수를 나타내는 데 사용되며, 범주형 데이터를 저장하는 데 적합한 R 데이터 형식이다.

23

여러 원본 데이터를 특정 기준에 따라 집계, 종합 또는 요약한 변수로, 어떤 상품의 총 구매 금액이나 특정 기간 동안의 총 매출액 등이 예시인 변수는?

① 일반변수
② 요약변수
③ 파생변수
④ 잠재변수

요약변수는 여러 원본 데이터를 특정 기준에 따라 집계, 종합 또는 요약하여 데이터의 특징을 간결하게 표현하기 위해 사용된다.

24

결측값(NA)을 제거하는 R 함수로, 결측값이 포함된 행 전체를 삭제하는 함수는?

① is.na()
② na.omit()
③ mean(na.rm=TRUE)
④ complete.cases()

na.omit() 함수는 결측값(NA)이 포함된 행 전체를 데이터셋에서 제거하는 데 사용된다.

25

데이터의 중심 경향 측정 지표 중, 명목척도(⑩ 선호하는 색상)와 같이 서열을 매길 수 없는 데이터에 유용하게 사용되는 값은?

① 평균(Mean)
② 중앙값(Median)
③ 최빈값(Mode)
④ 분산(Variance)

최빈값(Mode)은 데이터에서 가장 자주 나타나는 값으로, 유일하게 명목척도 데이터의 중심 경향을 나타낼 수 있다.

26

두 변수 간의 선형적 관계의 강도와 방향을 분석하는 통계 기법으로, 추론 통계 분석의 주요 분석 기법 중 하나는?

① t-검정
② 분산분석
③ 상관분석
④ 요인분석

상관분석은 두 변수 간의 선형적 관계의 강도와 방향(⑩ 양의 상관, 음의 상관 등)을 분석한다.

27

가설 검정 과정에서 '새로운 주장' 또는 '기존의 믿음과 다르다'는 주장을 의미하는 가설은?

① 귀무가설
② 대립가설
③ 영가설
④ 기각 가설

대립가설(H_1)은 연구자가 새롭게 주장하고 입증하고자 하는 가설로, 귀무가설에 반대되는 주장이다.

정답 　　22 ④　23 ②　24 ②　25 ③　26 ③　27 ②

28 ⭐비출

감마 분포의 두 모수 중, 분포의 퍼짐 정도를 조절하며, 값이 클수록 분포의 평균값은 증가하고 퍼짐도 커지는 모수는?

① 형상 모수
② 척도 모수
③ 자유도
④ 기댓값

> 척도 모수(β)는 감마 분포의 퍼짐 정도를 조절하며, 값이 클수록 분포의 평균과 퍼짐이 증가한다.

29

F-분포가 주로 사용되는 통계적 검정 방법으로 옳지 않은 것은?

① 두 모집단의 분산 동일성 검정(F-검정)
② 분산분석(ANOVA)을 통한 세 집단 이상의 평균 차이 검정
③ 회귀 분석 모형의 전반적인 유의성 평가
④ 두 변수 간의 연관성 검정(카이제곱 검정)

> F-분포는 분산의 비율에 기반하며, 카이제곱 검정은 카이제곱 분포가 사용된다.

30

군집분석의 분할적 군집화 방법 중 하나로, 데이터의 밀도가 높은 영역을 군집으로 묶는 기법은?

① K-평균 군집화(K-Means Clustering)
② 밀도 기반 군집화(예 DBSCAN 등)
③ 응집형 군집화(Agglomerative Clustering)
④ 계층적 군집화(Hierarchical Clustering)

> 밀도 기반 군집화는 데이터의 밀도가 높은 영역을 하나의 군집으로 묶는 분할적 군집화 방법의 한 종류이다.

31

선형 판별분석(LDA)의 가정 중, 각 그룹 데이터의 정규성 외에 반드시 확인해야 하는 가정은?

① 특성 독립성 가정
② 오차항의 정규성 가정
③ 공분산 행렬 동질성 가정
④ 등분산성 가정

> 선형 판별분석(LDA)은 정규성 외에 각 그룹의 공분산 행렬이 동일하다는 가정(동질성)을 전제로 하며, 그렇지 않은 경우 이차 판별분석(QDA)을 사용한다.

32

K-최근접 이웃(KNN) 알고리즘의 단점으로 옳지 않은 것은?

① 데이터 양이 많아질수록 예측 시간이 오래 걸린다.
② 훈련 단계가 느려 모델 학습에 시간이 많이 소요된다.
③ K값이 작을 경우 이상값 데이터에 큰 영향을 받을 수 있다.
④ 각 특징(Feature)의 스케일에 따라 거리 계산에 미치는 영향이 달라질 수 있다.

> K-최근접 이웃(KNN)은 별도의 모델 학습 단계가 없어 훈련 단계가 빠르다는 장점이 있지만, 예측 단계에서는 모든 데이터와의 거리를 계산해야 하므로 느리다.

정답   28 ② 29 ④ 30 ② 31 ③ 32 ②

33

연관성 분석에서 지지도, 신뢰도와 함께 사용되는 주요 성능 지표로, 독립적인 경우 1의 값을 가지며 연관성의 강도와 방향을 나타내는 지표는?

① 지지도(Support)
② 신뢰도(Confidence)
③ 향상도(Lift)
④ 빈도(Frequency)

향상도(Lift)는 연관성이 없을 때(독립, Lift=1)보다 실제 연관성이 얼마나 강한지를 나타내며, 1보다 크면 양의 연관성이 있음을 의미한다.

34

다차원 연관분석의 예시로 가장 적절한 것은?

① 기저귀와 맥주를 함께 구매하는 경향이 있다.
② 우유와 빵을 함께 구매하는 경향이 있다.
③ 나이가 30대이고 여성인 고객은 기저귀와 맥주를 함께 구매하는 경향이 있다.
④ 우유를 구매한 고객은 3일 이내에 유제품을 추가로 구매한다.

다차원 연관분석은 여러 속성(차원, 예 나이, 성별, 상품)을 결합하여 연관 규칙을 찾는 분석이다.

35 빈출

표본 통계량의 분포를 의미하며, 모집단의 분포 그 자체가 아니라 표본에서 계산되는 통계량들의 가상적인 분포를 무엇이라고 하는가?

① 모집단분포
② 표본분포
③ 확률분포
④ 정규분포

표본분포는 모집단에서 추출한 수많은 표본으로부터 계산되는 '표본 통계량'의 분포를 의미한다.

36

R에서 행렬(Matrix)을 생성할 때, 데이터를 행을 기준으로 채우도록 지정하는 인수는?

① data
② nrow
③ ncol
④ byrow=TRUE

행렬 생성 시 byrow=TRUE로 설정하면 데이터를 행을 기준으로 순서대로 채우고, 기본값인 FALSE는 열을 기준으로 채운다.

37

데이터를 몇 개의 의미 있는 그룹으로 요약하고, 데이터 전체의 숨겨진 구조를 이해하는 데 도움을 주는 비지도 학습 기법은?

① 회귀분석
② 군집분석
③ 판별분석
④ 시계열분석

군집분석은 유사한 특성을 가진 개체들을 그룹화하여 데이터의 구조를 파악하고 요약하는 비지도 학습 기법이다.

38

카이제곱분포가 주로 사용되는 검정 방법으로 옳지 않은 것은?

① 적합도 검정
② 독립성 검정
③ 단일 모집단의 분산 검정
④ 두 집단 간의 평균 차이 검정

카이제곱 검정은 범주형 데이터에 사용되며, 두 집단 간의 평균 차이 검정은 모수적 방법인 t-검정 또는 비모수적 방법인 맨-휘트니 U 검정을 사용한다.

정답   33 ③   34 ③   35 ②   36 ④   37 ②   38 ④

39

윌콕슨 부호-순위 검정은 어떤 모수적 검정 방법의 비모수적 버전인가?

① 독립 표본 t-검정
② 단일 표본 t-검정
③ 대응 표본 t-검정
④ 일원 분산분석

윌콕슨 부호-순위 검정은 정규성 가정을 충족하지 못할 경우 사용하는 대응 표본 t-검정의 비모수 버전이다.

40

계층적 군집화의 응집형(Agglomerative) 방식에서, 두 군집에 속한 가장 먼 데이터 포인트 사이의 거리를 군집 간 거리로 정의하는 연결법은?

① 최단 연결법(Single Linkage)
② 최장 연결법(Complete Linkage)
③ 평균 연결법(Average Linkage)
④ 와드 연결법(Ward's Linkage)

최장 연결법(Complete Linkage)은 두 군집에 속한 가장 먼 데이터 포인트 사이의 거리를 군집 간 거리로 정의한다.

41 ⭐빈출

데이터의 1사분위수(25%)와 3사분위수(75%)를 기준으로 특정 범위를 벗어나는 값을 이상값으로 간주하는 통계적 기법은?

① Z-점수
② IQR
③ LOF
④ Mahalanobis 거리

IQR(Interquartile Range)기법은 사분위수를 이용하여 통계적으로 특정 범위를 벗어나는 데이터를 이상값으로 판단한다.

42

데이터 분석에서 주로 사용되는 R 함수 중, 데이터의 구조와 요약 정보를 빠르게 파악하기 위해 사용되는 함수가 아닌 것은?

① str()
② summary()
③ glm()
④ head()

glm()은 일반화 선형 모델(Generalized Linear Model)을 생성하는 함수로, 데이터 탐색보다는 통계 모델 구축에 사용된다.

43

크루스칼-왈리스 검정은 어떤 모수적 검정 방법의 비모수적 버전인가?

① 독립 표본 t-검정
② 대응 표본 t-검정
③ 일원 분산분석
④ 상관분석

크루스칼-왈리스 검정은 세 집단 이상 평균 비교 시 정규성 가정을 충족하지 못할 경우 사용하는 일원 분산분석(ANOVA)의 비모수 버전이다.

44 ⭐빈출

나이브 베이즈 알고리즘의 장점으로 인해 주로 활용되는 분야는?

① 이미지 인식 및 객체 감지
② 복잡한 비선형 회귀 모델
③ 스팸 메일 필터, 텍스트 분류, 감정 분석
④ 시계열 데이터 예측

나이브 베이즈는 빠르고 고차원 데이터 처리에 강하여 주로 텍스트 분류(예 스팸 필터링, 감정 분석) 분야에 활용된다.

정답   39 ③ 40 ② 41 ② 42 ③ 43 ③ 44 ③

45

서포트 벡터 머신(SVM)에서 저차원의 데이터를 고차원으로 변환하여 선형적으로 분류가 가능하도록 하는 기법은?

① 정규화
② 커널 트릭
③ 서포트 벡터
④ 마진 최대화

커널 트릭은 저차원에서 선형적으로 분리되지 않는 데이터를 고차원 공간으로 변환하여 선형적으로 분리할 수 있도록 돕는 SVM의 핵심 기법이다.

46

K-최근접 이웃(KNN) 알고리즘에서 새로운 데이터와 기존 데이터 사이의 거리를 계산할 때 주로 사용되는 거리 측정 함수로 옳지 않은 것은?

① 유클리드 거리
② 맨해튼 거리
③ 민코프스키 거리
④ 콕스 비례 해저드

콕스 비례 해저드 모형은 생존 분석(시간-사건 데이터)에 사용되는 회귀 모형이며, K-최근접 이웃(KNN)에서 거리 측정에는 유클리드, 맨해튼 등이 사용된다.

47

회귀분석에서 모형에 포함되는 독립변수의 개수가 2개 이상일 때를 지칭하며, 독립변수가 종속변수에 미치는 영향의 정도를 분석하는 통계 기법은?

① 단순회귀분석
② 다중회귀분석
③ 로지스틱 회귀분석
④ 주성분 분석

다중회귀분석은 독립변수가 2개 이상일 때 사용되며, 단순회귀분석은 독립변수가 1개일 때 사용된다.

48

이원 분산분석이 분석하는 주요 내용으로 가장 적절한 것은?

① 하나의 독립변수가 종속변수에 미치는 영향
② 세 개 이상의 종속변수가 독립변수에 미치는 영향
③ 두 개 이상의 독립변수가 종속변수에 미치는 영향
④ 연속형 종속변수와 범주형 독립변수의 관계

이원 분산분석은 두 개 이상의 독립변수가 종속변수에 미치는 영향을 동시에 분석한다.

49

기술 통계 분석 기법 중, 연속형 변수의 분포를 막대 그래프 형태로 나타내어 데이터의 분포 형태를 파악하는 데 유용한 시각화 기법은?

① 산점도(Scatter Plot)
② 히스토그램(Histogram)
③ 상자 그림(Box Plot)
④ 막대 그래프(Bar Graph)

히스토그램(Histogram)은 연속형 변수의 데이터를 계급 구간으로 나누어 빈도를 막대 형태로 시각화하여 분포를 보여준다.

50

다단계 연관분석의 특징으로 가장 직절한 것은?

① 여러 속성(차원)을 포함하는 데이터에서 연관 규칙을 찾는다.
② 항목 간에 계층 구조가 존재하는 데이터의 여러 수준의 추상화 단계에서 연관 규칙을 발견한다.
③ 특정 상품의 구매 패턴만을 분석하는 데 국한된다.
④ 시간의 흐름에 따른 연관성 변화를 분석한다.

다단계 연관분석은 항목 간 계층 구조가 있을 때, 특정 상품분 아니라 상품의 상위 범주(예 우유 → 유제품) 등 여러 수준의 규칙을 탐색한다.

정답 45 ② 46 ④ 47 ② 48 ③ 49 ② 50 ②

1 | 데이터 이해

01

정성적 데이터와 정량적 데이터에 대한 설명으로 옳은 것은?

① 정성적 데이터는 측정 가능하고 수치로 표현할 수 있다.
② 정량적 데이터는 언어, 문자, 이미지 등으로 구성된다.
③ 정성적 데이터는 객체의 질적인 특성을 설명한다.
④ 정량적 데이터는 비정형 데이터에 해당한다.

> 정성적 데이터는 객체의 질적인 특성을 설명하는 데이터로 언어, 문자, 이미지, 영상 등이 포함된다.

02

SECI 모델의 내면화(Internalization) 단계에 대한 설명으로 옳은 것은?

① 개인의 암묵지가 직접 경험을 통해 다른 사람에게 전달된다.
② 암묵지를 문서나 매뉴얼로 명확하게 표현한다.
③ 여러 형식지를 결합하여 새로운 형식지를 만든다.
④ 형식지를 학습하고 체화하여 자신의 암묵지로 만든다.

> 내면화(Internalization)는 조직 내에서 공유된 형식지(예 문서, 매뉴얼 등)를 개인이 학습하고 체화하여 자신의 암묵지로 만드는 '형식지 → 암묵지' 단계이다.

03

데이터 마트의 유형으로 옳지 않은 것은?

① 종속 데이터 마트
② 독립 데이터 마트
③ 하이브리드 데이터 마트
④ 분산 데이터 마트

> 데이터 마트의 유형은 종속 데이터 마트, 독립 데이터 마트, 하이브리드 데이터 마트이다. 분산 데이터 마트는 유형에 포함되지 않는다.

04

ERP(전사적 자원 관리)에 대한 설명으로 옳은 것은?

① 고객 데이터를 통합하여 관계를 관리한다.
② 공급망 전체를 효율적으로 관리한다.
③ 기업의 회계, 인사, 판매, 생산 등을 하나의 시스템으로 통합한다.
④ 조직 내 지식과 정보를 수집하고 공유한다.

> ERP(전사적 자원 관리)는 기업의 회계, 인사, 판매, 생산, 재고 등 핵심 비즈니스 프로세스를 하나의 시스템에 통합하여 관리하는 소프트웨어이다.

05

빅데이터의 목적으로 옳지 않은 것은?

① 데이터 기반의 정확한 의사결정
② 고객의 행동 패턴 분석을 통한 개인화된 서비스 제공
③ 데이터의 양을 무한정 증가시키는 것
④ 새로운 비즈니스 기회 발견

> 빅데이터의 목적은 데이터의 양을 늘리는 것이 아니라, 데이터 속에서 의미 있는 패턴과 트렌드를 발견하여 가치를 창출하는 것이다.

정답   01 ③   02 ④   03 ④   04 ③   05 ③

06

빅데이터 활용의 3요소로 옳지 않은 것은?

① 데이터 - 모든 것의 데이터화
② 기술 - 진화하는 알고리즘과 인공지능
③ 인력 - 데이터 사이언티스트
④ 자본 - 투자 자금 확보

> 빅데이터 활용의 3요소는 데이터(모든 것의 데이터화), 기술(진화하는 알고리즘/인공지능), 인력(데이터 사이언티스트/알고리즘미스트)이다.

07

회귀분석에 대한 설명으로 옳은 것은?

① 대규모 데이터베이스에서 변수 간의 흥미로운 관계를 발견한다.
② 복잡한 정보를 유사한 특성을 가진 여러 그룹으로 나눈다.
③ 하나 이상의 독립변수가 종속변수에 미치는 영향을 분석한다.
④ 텍스트에 담긴 감정이나 의견을 자동으로 식별한다.

> 회귀분석은 하나 이상의 독립변수가 종속변수에 미치는 영향을 분석하여 변수들 간의 관계를 이해하고 종속변수를 예측하는 통계적 방법이다.

08

차분 프라이버시(Differential Privacy)에 대한 설명으로 옳은 것은?

① 개인 식별자를 가명으로 대체하는 기법
② 데이터를 특정 범위로 묶어 상세 수준을 낮추는 기법
③ 데이터에 수학적으로 계산된 잡음을 추가하여 식별을 어렵게 하는 기법
④ 데이터의 일부를 완전히 삭제하는 기법

> 차분 프라이버시(Differential Privacy)는 무작위화 기법의 일종으로, 데이터에 수학적으로 계산된 잡음을 추가해 특정 데이터 포함 여부와 관계없이 분석 결과에 큰 변화가 없도록 보장하는 방법이다.

09

전략적 통찰이 없는 분석의 함정으로 옳지 않은 것은?

① 분석 결과가 경쟁 우위로 이어지지 못한다.
② 데이터 처리 과정에만 집중하게 된다.
③ 새로운 비즈니스 가치를 창출한다.
④ 데이터의 크기에만 집중하여 질을 간과한다.

> 전략적 통찰이 없는 분석은 경쟁 우위 부재, 단순 데이터 처리에 그침, 데이터 크기만 집중 등의 문제가 있으며, 새로운 비즈니스 가치 창출로 이어지지 못한다.

10

미래 데이터 사이언스의 주요 특징으로 옳지 않은 것은?

① AI와의 결합으로 인한 자동화
② 증강 분석의 대중화
③ 데이터 민주화 가속
④ 전문가의 역할 축소와 완전 소멸

> AI 발전에도 불구하고 데이터 사이언티스트의 역할은 소멸하지 않고 변화한다. 전략 수립, 품질 관리, 의사결정 지원 등 고차원적 역량으로 진화하며 전문가 수요는 오히려 증가할 것이다.

2 | 데이터분석 기획

11

분석 기획서(Analysis Plan)에 포함되어야 할 항목으로 가장 적절하지 않은 것은?

① 분석 목표 및 범위
② 데이터 출처 · 스키마 · 필요 변수(Feature) 목록
③ 팀원 R&R(역할과 책임)
④ 사용된 모든 오픈소스 소프트웨어의 라이선스만 별도 기재하고, 결과물에는 전혀 반영하지 않는 정책

> 사용된 오픈소스 라이선스 표기는 필요하지만, 결과물에 전혀 반영하지 않는 정책은 문서의 일부분으로 적절하지 않다(설명서 · 정책은 결과 반영 필요).

정답 06 ④ 07 ③ 08 ③ 09 ③ 10 ④ 11 ④

12

데이터 정제 과정에서 결측값 처리 방식으로 적절하지 않은 것은?

① 삭제(행/열 제거)
② 평균/중앙값 대체(Imputation)
③ 예측 모델로 보간(Imputation via modeling)
④ 아무 처리도 하지 않고 무조건 그대로 학습에 사용

> 결측값을 아무 처리 없이 그대로 사용하는 것은 일반적으로 부적절하다.

13

모델 평가(Validation)에서 과적합(Overfitting)을 확인하는 일반적 방법은?

① 학습 데이터와 검증 데이터 성능을 비교하여 학습 성능은 높지만 검증 성능이 낮으면 과적합을 의심한다.
② 모델 복잡도를 무조건 높이면 과적합이 사라진다.
③ 학습 데이터의 성능만 보면 충분하다.
④ 검증 데이터를 사용하지 않고 테스트 데이터만 사용하면 과적합을 쉽게 발견할 수 있다.

> 학습/검증 성능 비교로 과적합 여부를 판단한다. 학습 성능만 보면 판단이 불가하다.

14

분석 결과를 전사적으로 확산(Spread/Diffusion)하기 위해 필요한 것은?

① 성공 사례 문서화 및 교육 · 워크숍을 통해 실무로 이관한다.
② 결과를 연구실에만 보관하고 공유를 금지한다.
③ 오직 기술 담당자만 결과를 해석하도록 제한한다.
④ 결과를 이미지로만 저장해 누구도 이해하지 못하게 한다.

> 성공 사례 문서화 · 교육 · 워크숍 등으로 분석 결과를 전사에 확산해야 한다.

15

데이터 아키텍처(Data Architecture) 설계 시 고려사항으로 옳지 않은 것은?

① 데이터 저장 방식(예 RDBMS, Data Lake 등)
② 메타데이터 관리 및 데이터 품질 모니터링
③ 분석 결과의 비즈니스 KPI와 무관한 무분별한 데이터 축적
④ 접근 제어 및 보안 정책

> 무분별한 데이터 축적은 오히려 문제이며 설계 시 비즈니스 연계성을 고려해야 한다.

16

분석 자동화(Automation)의 장점으로 옳지 않은 것은?

① 반복 작업의 효율성 향상
② 엔드 투 엔드(End-to-End) 재현성 향상
③ 사람의 완전한 개입이 전혀 없음을 항상 보장
④ 운영 단계에서의 안정성 및 유지보수성 향상

> 자동화가 항상 사람의 개입을 완전히 제거하진 않는다(모니터 · 검토 필요).

17

Quick Win 과제 사례로 가장 적절한 것은?

① 신규 머신러닝 플랫폼을 도입하는 대대적 프로젝트
② 단기간 내 기존 CRM 데이터를 이용해 고객 이탈 예측 모형을 만들어 운영하는 파일럿
③ 인프라 전면 재설계 프로젝트
④ 수년이 걸리는 장기 전략 연구

> CRM 데이터로 단기간 파일럿을 돌려 실무적 효과를 빠르게 검증하면 Quick Win 사례이다.

정답   12 ④ 13 ① 14 ① 15 ③ 16 ③ 17 ②

18

데이터 마켓플레이스(Data Marketplace)의 주된 기능은?

① 중앙에서 데이터 생산자 · 소비자를 연결하고 메타 데이터 · 품질 정보를 제공해 데이터 재사용 촉진
② 모든 데이터를 무조건 외부에 판매
③ 데이터 폐기 정책만 관리하는 시스템
④ 단순한 파일 저장소와 동일

데이터 마켓플레이스는 생산자 · 소비자 연결, 메타데이터 제공 등으로 재사용을 촉진한다.

19

분석 과제 종료 후 '운영 및 개선(Operation & Improvement)' 활동에 포함되지 않는 것은?

① 모델 성능 모니터링 및 재학습
② 사용자 피드백 반영 및 프로세스 개선
③ 결과 완전 방치(모니터링 · 유지 없이 방치)
④ 주기적 성과 측정 및 보고

결과를 방치하는 것은 운영 · 개선 활동에 포함되지 않으며 오히려 문제가 된다.

20

분석팀 조직 형태 중 '분산형(Distributed)' 구조의 단점으로 옳은 것은?

① 현업과의 거리감으로 비즈니스 이해 부족 발생
② 분석 역량의 파편화 및 비표준화 발생 가능
③ 중앙 집중형 대비 유연성 부족
④ 혼합형(Hybrid)보다 전혀 협업이 필요 없음

분산형 구조의 단점 중 하나는 분석 역량의 파편화 및 표준화 부족 가능성이다.

3 데이터분석

21

R의 기본 데이터 구조 중, c() 함수를 사용하여 생성하며 동일한 데이터 타입의 여러 값을 1차원 형태로 모아 놓은 구조는?

① 스칼라(Scalar)
② 벡터(Vector)
③ 행렬(Matrix)
④ 데이터 프레임(Data Frame)

벡터(Vector)는 R의 1차원 데이터 구조로, 동일한 데이터 타입의 값들로 구성된다.

22

데이터를 메모리에서 직접 처리하여 데이터 처리 속도가 빠르고 효율적인 분석이 가능하다는 R의 특징은?

① 오픈소스
② 벡터 기반 연산
③ 빠른 데이터 처리
④ 다양한 패키지

R은 데이터를 메모리에서 직접 처리하는 방식이므로 빠른 데이터 처리가 가능하다.

정답   18① 19③ 20② 21② 22③

23

양적 변수(예 키, 몸무게 등)를 측정할 때 주로 사용되며, 순서, 간격, 그리고 절대적인 0점의 의미를 모두 가지는 척도는?

① 명목척도(Nominal Scale)
② 서열척도(Ordinal Scale)
③ 등간척도(Interval Scale)
④ 비율척도(Ratio Scale)

> 비율척도(Ratio Scale)는 등간척도의 특징에 더해 절대적인 0점의 의미를 가지므로, 키, 몸무게 등 양적 변수를 측정하는 데 주로 사용된다.

24

데이터의 모든 값을 더한 후 개수로 나눈 값으로, 가장 흔하게 사용되는 대표값이지만 극단적인 값(이상값)에 민감하게 영향을 받는 지표는?

① 평균(Mean)
② 중앙값(Median)
③ 최빈값(Mode)
④ 범위(Range)

> 평균(Mean)은 모든 값을 사용하여 계산되므로 이상값에 민감하게 영향을 받는다.

25

데이터의 변동성 지표 중, 데이터의 최댓값에서 최솟값을 뺀 값으로 전체적인 퍼짐 정도를 간단하게 파악할 수 있는 지표는?

① 분산(Variance)
② 표준편차(Standard Deviation)
③ 범위(Range)
④ 사분위수 범위(IQR)

> 범위(Range)는 최댓값에서 최솟값을 뺀 값으로, 데이터의 전체적인 퍼짐 정도를 간단하게 나타낸다.

26

기술 통계와 추론 통계로 구성되며, 자료를 수집, 정리, 분석하여 불확실한 현상에 대한 과학적 추론 및 예측을 수행하는 학문은?

① 확률론
② 통계학
③ 데이터 과학
④ 데이터 마이닝

> 통계학은 자료를 수집, 정리, 분석하여 불확실한 현상에 대한 과학적 추론 및 예측을 수행하는 학문이다.

27

표본 추출 방법 중, 모집단을 몇 개의 동질적이지 않은 군집으로 나누고, 그중 일부 군집만을 무작위로 추출하여 해당 군집의 모든 개체를 조사하는 방법은?

① 단순 무작위 추출
② 층화 추출
③ 계통 추출
④ 군집 추출

> 군집 추출은 모집단을 동질적이지 않은 군집으로 나누고, 일부 군집을 무작위로 선택하여 해당 군집의 모든 개체를 조사하는 방법이다.

28

모집단 모수가 포함될 확률이 높은 구간을 제시하며, 95% 신뢰구간과 같이 확률로 표현되는 추정 기법은?

① 점 추정
② 구간 추정
③ 가설 검정
④ 통계량 계산

> 구간 추정은 모집단 모수가 포함될 확률이 높은 구간(신뢰구간)을 제시하는 기법이다.

정답 23 ④ 24 ① 25 ③ 26 ② 27 ④ 28 ②

29

독립 표본 t-검정의 비모수적 버전으로 사용되는 검정은?

① 윌콕슨 부호-순위 검정
② 맨-휘트니 U 검정
③ 크루스칼-왈리스 검정
④ 카이제곱 검정

맨-휘트니 U 검정은 정규성 가정을 충족하지 못할 경우 사용하는 독립 표본 t-검정의 비모수 버전이다.

30 빈출

다변량 분석의 목적 중, 다수의 변수를 소수의 잠재 요인으로 추출하여 데이터의 차원을 줄이고 효율성을 높이는 것은?

① 종속 변수 예측
② 집단 분류
③ 변수 축소
④ 종합적 관계 파악

변수 축소는 요인 분석 등을 통해 다수의 변수를 소수의 잠재 요인으로 압축하여 데이터의 차원을 줄이는 것을 말한다.

31

군집 분석의 두 가지 큰 방식 중, 데이터들을 순차적으로 합쳐가며(상향식) 계층적인 군집 구조를 만들어 덴드로그램으로 시각화하는 방식은?

① 분할형 군집화
② 응집형 군집화
③ K-평균 군집화
④ 밀도 기반 군집화

응집형 군집화(Agglomerative Clustering)은 가장 가까운 데이터부터 순차적으로 합쳐나가는 상향식 계층적 군집화 방식이다.

32

나이브 베이즈 분류기에서 훈련 데이터에 나타나지 않은 특성이 있는 경우, 해당 확률이 0으로 계산되어 전체 예측이 잘못될 수 있는 문제는?

① 과적합 문제
② 특성 독립성 문제
③ 0-빈도 문제
④ 차원의 저주

0-빈도 문제는 훈련 데이터에 없는 특성의 확률이 0이 되어 전체 예측이 0이 되는 문제로, 나이브 베이즈의 단점 중 하나이다.

33

서포트 벡터 머신(SVM)이 분류 경계를 설정할 때, 서포트 벡터를 중심으로 모델이 구축되는 이유는?

① 서포트 벡터가 가장 일반적인 데이터이기 때문이다.
② 서포트 벡터를 제외한 나머지 데이터는 결정 경계에 영향을 미치지 않기 때문이다.
③ 서포트 벡터가 마진을 최대화하는 데 가장 중요한 역할을 하기 때문이다.
④ 서포트 벡터만이 선형적으로 분리 가능한 데이터이기 때문이다.

서포트 벡터는 결정 경계(초평면)와 가장 가까워 마진을 결정하는 데 핵심적인 역할을 하므로, 이를 중심으로 모델이 구축된다.

정답   29 ②   30 ③   31 ②   32 ③   33 ③

34

K-최근접 이웃(KNN) 알고리즘에서 분류(Classification)를 수행할 때, 새로운 데이터를 예측하는 방식은?

① K개의 이웃에 해당하는 값들의 평균을 낸다.
② K개의 이웃 중 가장 많은 범주에 속하는 클래스로 분류한다.
③ K개의 이웃 중 가장 거리가 가까운 하나의 이웃의 클래스로 분류한다.
④ K개의 이웃의 가중 평균을 사용하여 분류한다.

K-최근접 이웃(KNN)은 분류(Classification) 문제에서 K개의 이웃 중 가장 많은 범주에 속하는 클래스로 새로운 데이터를 분류한다.

35

연관 규칙 {A} → {B}에 대한 신뢰도(Confidence)의 정의를 수식으로 표현한 것은?

① $P(A \cap B)$
② $P(B \mid A)$
③ $P(A)P(A \cap B) / P(A)$
④ $P(A \cap B) / P(A)P(B)$

신뢰도(Confidence) = $P(B \mid A)$

36

R에서 행렬(Matrix)을 생성하는 함수는?

① c( )
② list( )
③ data.frame( )
④ matrix( )

R에서 matrix() 함수를 사용하여 행과 열로 구성된 행렬을 생성할 수 있다.

37

표준정규분포의 평균(μ)과 표준편차(σ)는 각각 얼마인가?

① $\mu=1$, $\sigma=0$
② $\mu=0$, $\sigma=1$
③ $\mu=0$, $\sigma=0$
④ $\mu=1$, $\sigma=1$

표준정규분포는 평균(μ)이 0이고 표준편차(σ)가 1인 정규분포를 말한다.

38 빈출

카이제곱 분포는 k개의 독립적인 표준정규분포 확률변수를 제곱하여 합한 값의 분포를 말하며, k가 의미하는 것은?

① 평균
② 표준편차
③ 자유도
④ 모수

카이제곱 분포는 표준정규분포 변수를 제곱하여 합한 값의 분포이며, 합산하는 변수의 개수 k는 자유도를 의미한다.

39

이원 분산분석(Two-way ANOVA)에서 비교하는 것은?

① 하나의 독립변수가 종속변수에 미치는 영향
② 세 개 이상의 종속변수의 평균 벡터
③ 두 개 이상의 독립변수가 종속변수에 미치는 주 효과 및 상호작용 효과
④ 두 집단 간의 분산의 동일성

이원 분산분석(Two-way ANOVA)은 두 개 이상의 독립변수(요인)가 종속변수에 미치는 영향을 분석하며, 각 요인의 주 효과와 요인 간 상호작용 효과를 검정한다.

정답   34 ②   35 ②   36 ④   37 ②   38 ③   39 ③

40

기술 통계 분석의 주요 목적으로 옳지 않은 것은?

① 빈도분석을 통해 데이터의 빈도와 비율을 파악한다.
② 기술통계량을 통해 데이터의 중심 경향과 변동성을 파악한다.
③ 표본을 통해 모집단의 특성을 추론하고 일반화한다.
④ 시각화를 통해 데이터의 분포와 특성을 한눈에 이해한다.

표본을 통해 모집단을 추론하고 일반화하는 것은 추론 통계의 주요 목적이다.

41

ggplot2 패키지를 사용하는 R의 고급 그래프의 특징은?

① hist(), boxplot() 등 기본 함수를 사용한다.
② 그래프를 구성하는 요소(예 데이터, 기하 객체 등)를 레이어별로 추가하여 세련된 시각화를 구현한다.
③ 오직 2차원 그래픽만 지원한다.
④ 정적 그래프만 생성할 수 있다.

ggplot2는 데이터, 기하 객체, 통계, 스케일 등 그래프 요소를 레이어별로 추가하여 세련되고 복잡한 시각화를 구현하는 R 패키지이다.

42 ⭐빈출

비표본오차에 대한 설명으로 옳은 것은?

① 본 추출 과정 자체의 우연성 때문에 발생한다.
② 오차의 측정이 가능하며 표본 크기가 커질수록 감소하는 경향이 있다.
③ 조사 과정의 실수로 발생하며, 표본조사와 전수조사 모두에서 발생할 수 있다.
④ 표본이 모집단을 완벽하게 대표하지 못해서 발생한다.

비표본오차는 조사 설계, 자료 수집, 분석 등 과정상의 실수로 발생하며, 전수조사에서도 나타날 수 있다.

43

군집분석의 특징으로 옳지 않은 것은?

① 데이터에 미리 정해진 정답(레이블)이 없는 비지도 학습이다.
② 데이터 간의 유사성을 측정하는 척도로 거리 기반 척도를 사용한다.
③ 결과 해석이 어려워 주로 예측 모델링에만 활용된다.
④ 고객 세분화, 뉴스 분류 등 탐색적 데이터 분석에 유용하다.

군집분석은 데이터의 숨겨진 구조나 패턴을 발견하는 탐색적 분석 방법이며, 예측 모델링에만 국한되지 않고 다양한 분야에 활용된다.

44

Apriori 알고리즘의 주요 단점은?

① 대규모 데이터셋에서 계산 시간이 짧다.
② 빈발 항목 집합을 찾기 위해 반복적으로 데이터베이스를 스캔해야 한다.
③ 항목 간의 관계를 분석할 수 없다.
④ 트리 구조를 사용하여 메모리 사용량이 적다.

Apriori 알고리즘은 빈발 항목 집합을 찾기 위해 반복적으로 데이터베이스를 스캔해야 하므로 대규모 데이터셋에서 비효율적일 수 있다.

45 ⭐빈출

다변량 분석 중, 여러 변수들의 유사성을 기반으로 유사한 특성을 가진 개체들을 그룹화하는 비지도 머신러닝 기법은?

① 다중회귀분석
② 요인분석
③ 군집분석
④ 다변량 분산분석

군집분석은 변수들의 유사성을 기반으로 개체들을 그룹화하는 대표적인 비지도 학습 기법이다.

정답   40 ③   41 ②   42 ③   43 ③   44 ②   45 ③

46

K-최근접 이웃(KNN) 알고리즘이 비선형 관계에 유연한 이유로 가장 적절한 것은?

① 커널 트릭을 사용하기 때문에
② 데이터 분포에 대한 가정이 없기 때문에
③ 서포트 벡터를 기반으로 하기 때문에
④ 특성 독립성을 가정하기 때문에

K-최근접 이웃(KNN)은 특정 모델이나 분포에 대한 가정이 없는 비모수적 방법이므로 데이터의 복잡하고 비선형적인 관계에도 유연하게 적용될 수 있다.

47

데이터 분포의 비대칭성을 나타내는 왜도(Skewness)에서 음(-)의 왜도가 의미하는 것은?

① 왼쪽으로 긴 꼬리를 가지며 데이터가 오른쪽에 치우쳐 있다.
② 오른쪽으로 긴 꼬리를 가지며 데이터가 왼쪽에 치우쳐 있다.
③ 분포가 좌우 대칭을 이룬다.
④ 분포가 정규분포보다 뾰족하다.

음(-)의 왜도는 분포의 꼬리가 왼쪽으로 길게 늘어지고, 데이터의 중심이 상대적으로 오른쪽에 치우쳐 있음을 의미한다.

48

R의 데이터 구조 중, list( ) 함수를 사용하여 생성하며 각 요소에 이름(tag)을 붙여 $ 키워드로 특정 요소에 접근할 수 있는 구조는?

① 벡터(Vector)
② 행렬(Matrix)
③ 리스트(List)
④ 데이터 프레임(Data Frame)

리스트(List)는 각 요소에 이름을 붙일 수 있으며, $ 키워드나 [[ ]] 인덱스를 통해 요소에 접근한다.

49

t-분포의 모양을 결정하며, 이 값이 커질수록 t-분포가 표준정규분포에 가까워지는 것은?

① 평균
② 표준편차
③ 자유도
④ 모집단 크기

자유도가 커질수록 t-분포는 꼬리가 얇아지고 표준정규분포와 동일한 모양에 가까워진다.

50 ⭐ 빈출

지수분포는 어떤 분포를 따르는 사건들 사이의 대기 시간을 모델링하는가?

① 이항분포
② 균일분포
③ 포아송분포
④ 감마분포

지수분포는 포아송분포를 따르는 사건(예) 단위 시간당 발생하는 횟수)들 사이의 대기 시간(간격)을 모델링한다.

정답   46 ② 47 ① 48 ③ 49 ③ 50 ③

1 | 데이터 이해

01

데이터의 역할 및 목적에 해당하지 않는 것은?

① 체계화된 데이터의 저장, 접근, 관리
② 데이터의 일관성과 정확성 유지
③ SQL을 사용한 효율적인 정보 검색
④ 데이터의 중복 극대화

> 데이터베이스는 데이터의 중복을 최소화하고 무결성을 유지하는 것이 목적이다.

02 빈출

지식경영의 주요 요소에 해당하지 않는 것은?

① 조직 문화 및 리더십
② 정보 기술(IT) 활용
③ 지식의 유형(암묵지/형식지) 관리
④ 제품 생산 라인 자동화

> 지식경영의 주요 요소는 조직 문화 및 리더십, IT 활용, 지식의 유형 관리, 지식 시스템 구축 등이다. 제품 생산 라인 자동화는 직접적인 요소가 아니다.

03

데이터 웨어하우스의 장점으로 옳지 않은 것은?

① 정보에 기반한 의사결정 지원
② 데이터의 일관성 및 품질 향상
③ 과거 데이터 분석의 용이
④ 비구조적 데이터 지원이 우수함

> 비구조적 데이터 지원 부족은 데이터 웨어하우스의 단점이다. 데이터 웨어하우스는 주로 정형 데이터를 다루며 비정형 데이터 처리에 제약이 있다.

04

BI(Business Intelligence)에 대한 설명으로 옳은 것은?

① 원자재 조달부터 물류까지 공급망을 관리한다.
② 기업의 데이터를 분석하여 의사결정을 돕는 기술이다.
③ 고객 관계를 효율적으로 관리하는 시스템이다.
④ 전사적 비즈니스 프로세스를 통합 관리한다.

> BI(Business Intelligence)는 기업의 데이터를 분석하여 의사결정을 돕는 기술 및 프로세스로, 대시보드, 리포트 등 시각화된 정보를 제공한다.

05

빅데이터 기술 발전 요인으로 적절하지 않은 것은?

① 비관계형·비정형 데이터베이스 발전
② 클라우드 서비스 확산
③ 분산 처리 기술 발달
④ 하드웨어 가격 상승

> 하드웨어 기술 발전으로 데이터 저장 및 처리 비용이 하락하며 대용량 데이터의 경제적 활용이 가능해졌다.

정답 01④ 02④ 03④ 04② 05④

06

감정 분석(Sentiment Analysis)에 대한 설명으로 옳은 것은?

① 변수 간의 흥미로운 관계를 발견하는 기법
② 독립변수가 종속변수에 미치는 영향을 분석하는 기법
③ 텍스트에 담긴 긍정적, 부정적 감정을 자동으로 식별하는 기술
④ 네트워크의 개별 주체 간 관계를 분석하는 기법

> 감정 분석은 텍스트에 담긴 긍정적, 부정적, 중립적 감정이나 의견을 자동으로 식별하고 분류하는 기술로, 자연어 처리(NLP) 및 AI 기술을 활용한다.

07

소셜 네트워크 분석에 대한 설명으로 옳은 것은?

① 데이터를 유사한 특성을 가진 여러 그룹으로 나누는 방법
② 텍스트의 감정을 자동으로 식별하는 기술
③ 사람, 사물, 조직 등의 관계를 분석하여 패턴과 중심성을 파악하는 방법
④ 입력 데이터를 정의된 범주로 분류하는 지도학습 기법

> 소셜 네트워크 분석은 네트워크와 그래프 이론을 사용하여 개별 주체(노드)와 이들 간의 관계(연결)를 분석하여 패턴, 중심성, 정보 흐름 등을 파악하는 분석이다.

08

총계처리(Aggregation) 비식별화 기법의 예시로 옳은 것은?

① 홍길동 → 임꺽정으로 변경
② A 회사 B 부서 직원의 평균 연봉으로 표현
③ 전화번호 일부를 별표(*)로 표시
④ '28세'를 '20대'로 표현

> 총계처리는 개별 데이터를 그대로 사용하지 않고 여러 데이터의 값을 합산하거나 평균을 내어 통계값을 사용하는 방법이다.

09

일차원적 분석의 한계로 옳지 않은 것은?

① 부서 단위의 좁은 관점으로 분석이 이루어진다.
② 조직 전체의 성공을 이끄는 전략 도출이 어렵다.
③ 분석 결과가 편향될 위험이 있다.
④ 전사적이고 종합적인 통찰을 제공한다.

> 일차원적 분석은 부서 단위의 좁은 관점으로 이루어져 전사적 통찰을 제공하기 어렵고 편향될 위험이 있다.

10 ⭐빈출

빅데이터 및 데이터 사이언스의 윤리적 책임에 해당하지 않는 것은?

① 투명성 및 책임 - 데이터 수집과 활용 과정의 투명성
② 편향성 문제 - 공정한 결과 도출을 위한 편향 제거
③ 개인정보 보호 - 데이터 보안 강화
④ 수익 극대화 - 어떤 방법으로든 이익 창출

> 윤리적 책임은 투명성, 공정성, 개인정보 보호를 포함하지만, 무분별한 수익 극대화는 윤리적 책임이 아니다. 윤리적 원칙을 지키면서 가치를 창출해야 한다.

2	데이터분석 기획

11

분석 과제 발굴 시 '디자인 사고(Design Thinking)' 접근의 핵심은?

① 기술 중심으로 모든 문제를 해결하려는 것
② 사용자의 관점에서 문제를 정의하고 프로토타입으로 검증하는 반복적 과정
③ 오직 하향식 방식만 사용
④ 데이터만 보면 충분하므로 사용자 인터뷰는 불필요

> 디자인 사고(Design Thinking): 사용자 중심 문제 정의 → 아이디어 도출 → 프로토타입 → 테스트의 반복

정답 06 ③ 07 ③ 08 ② 09 ④ 10 ④ 11 ②

12

거버넌스의 '역할 및 책임(RACI)' 정의에서 R이 의미하는 것은?

① Responsible(책임자)
② Review(검토)
③ Retain(보관)
④ Report(보고)

R = Responsible(책임자)

13

데이터 품질 평가 항목에 포함되는 것은?

① 정확성(Accuracy)
② 개발 언어(Python vs R)
③ 모델 하이퍼파라미터(Model Hyperparameter)
④ 서버 운영체제

데이터 품질 항목에는 정확성(Accuracy), 완전성(Completeness), 일관성(Consistency) 등이 포함된다.

14

분석 준비도(Readiness) 중 '분석 문화(Culture)' 항목의 의미로 옳은 것은?

① 조직 내에서 데이터 기반 의사결정이 정착되어 있는지, 분석 결과를 수용하는지 여부를 의미한다.
② 오직 도구(툴) 설치 여부만을 뜻한다.
③ 데이터 저장소의 크기만을 의미한다.
④ 개인의 프로그래밍 실력만을 의미한다.

분석 문화(Culture)는 조직 내 데이터 기반 의사결정 정착 여부를 의미한다.

15

분석 포트폴리오에서 'Effort' 영역의 특성은?

① 비즈니스 중요도 높고 실행 용이성 낮음
② 비즈니스 중요도 낮고 실행 용이성 높음
③ 비즈니스 중요도 높고 실행 용이성 높음
④ 비즈니스 중요도 낮고 실행 용이성 낮음

Effort 영역은 중요도는 낮지만, 실행 용이성은 높아 노력 대비 가치가 작을 수 있다.

16

데이터 보안 관점에서 민감정보(Personal Data)를 보호하기 위한 조치로 옳지 않은 것은?

① 접근 권한 제어 및 감사로그 기록
② 암호화(Encryption) 및 익명화(Anonymization)
③ 모든 데이터를 무작정 외부 공유
④ 최소 권한 원칙(Least Privilege) 적용

모든 데이터를 무작정 외부 공유하는 것은 민감정보 보호에 반한다.

17

분석 성과(Performance)를 모니터링할 때 사용하는 KPI와 거리가 먼 것은?

① 모델 정확도(Accuracy)
② 비즈니스 KPI(매출 증가, 이탈률 감소 등)
③ 모델 응답 시간(Latency)
④ 분석가의 개인 이메일 사용 빈도

분석 성과 모니터링 KPI는 모델 성능 · 비즈니스 지표 · 응답 속도 등과 관련되며, 분석가의 개인 이메일 사용 빈도는 무관하다.

정답   12① 13① 14① 15② 16③ 17④

18 빈출

'포용적 데이터 거버넌스'가 의미하는 것은?

① 데이터 접근을 완전히 오픈해 누구나 편하게 이용
하도록 하는 것
② 다양한 이해관계자(예) 현업 · IT · 보안 등)가 참여
하여 정책을 수립하고 운영하는 것
③ 오직 보안팀만 정책을 독점적으로 운영하는 것
④ 데이터 거버넌스 문서를 없애는 것

> 포용적 거버넌스는 다양한 이해관계자 참여를 통해 정책 수립 ·
> 운영하는 것을 의미한다.

19

데이터 아키텍처에서 'Data Lake'의 특징으로 가장 적절
한 것은?

① 정형 데이터만 저장하도록 설계된 저장소
② 모든 형식(예) 정형 · 반정형 · 비정형) 데이터를 원시
(Raw) 상태로 저장 가능
③ 반드시 관계형 DB만 사용해야 함
④ 분석에 전혀 적합하지 않음

> Data Lake는 원시(raw) 형태로 다양한 형식의 데이터를 저장
> 할 수 있다.

20

분석 조직이 '최적화(Optimization)' 단계로 나아가기
위한 핵심 활동으로 옳지 않은 것은?

① 지속적 성과 측정과 프로세스 개선 실시
② 모델 운영 자동화 및 거버넌스 고도화
③ 분석 결과를 전혀 공유하지 않고 폐쇄적으로 보관
④ 전사적 분석 문화 확산 및 인재 육성

> 최적화(Optimization) 단계로 가려면 지속적 공유 · 자동화 · 문
> 화 확산 등이 필요하며, 결과를 공유하지 않는 행위는 반대 방
> 향이다.

---

3 데이터분석

21 빈출

R 데이터 구조 중, 가장 기본적인 형태로 하나의 값
(예) 숫자, 문자열 등)만을 저장하는 구조는?

① 벡터(Vector)
② 행렬(Matrix)
③ 리스트(List)
④ 스칼라(Scalar)

> 스칼라(Scalar)는 하나의 값만을 저장하는 가장 기본적인 데이
> 터 형태이다.

22

R 패키지의 공식 저장소로, 전 세계 사용자들이 개발한
수많은 패키지가 공유되는 곳은?

① RStudio
② GitHub
③ CRAN
④ Bioconductor

> CRAN(The Comprehensive R Archive Network)은 R 패키
> 지의 공식 저장소이다.

23

데이터 탐색 시 is.na() 함수의 주요 역할은?

① 데이터 내 결측값의 총 개수를 계산한다.
② 벡터나 데이터 프레임의 각 요소가 결측값인지
TRUE/FALSE로 반환한다.
③ 결측값이 포함된 행 전체를 제거한다.
④ 결측값을 0으로 대체한다.

> is.na() 함수는 벡터나 데이터 프레임의 각 요소가 결측값인지
> 논리형(TRUE/FALSE)으로 반환하여 결측값을 식별한다.

정답   18② 19② 20③ 21④ 22③ 23②

24

모집단 전체를 조사하는 방법은?

① 표본조사
② 전수조사
③ 단순 무작위 추출
④ 통계적 추론

> 전수조사는 연구 대상이 되는 모집단 전체를 조사하는 방법이다.

25

데이터의 흩어진 정도를 나타내는 지표 중, 데이터를 4등분했을 때 3사분위수(75%)와 1사분위수(25%)의 차이로, 이상값의 영향을 덜 받는 변동성 지표는?

① 분산(Variance)
② 표준편차(Standard Deviation)
③ 범위(Range)
④ 사분위수 범위(IQR)

> 사분위수 범위(IQR)는 3사분위수와 1사분위수의 차이로, 데이터의 중간 50%가 얼마나 퍼져 있는지를 나타내며 이상값에 덜 민감하다.

26

기초 통계 분석 중, 세 집단 이상의 평균 차이를 비교할 때 사용되는 추측 통계분석 기법은?

① 상관분석
② T-검정
③ ANOVA
④ 회귀분석

> ANOVA(분산분석)는 세 개 이상의 집단 간 평균 차이가 통계적으로 유의미한지 비교할 때 사용된다.

27

추정 기법 중, 모집단 모수가 포함될 확률이 높은 구간을 제시하는 기법은?

① 점 추정
② 구간 추정
③ 가설 검정
④ 기술 통계량 산출

> 구간 추정은 모집단 모수가 포함될 구간을 확률(신뢰구간)로 제시한다.

28

t-분포의 특징으로 옳지 않은 것은?

① 표준정규분포와 마찬가지로 평균이 0이고 종 모양의 대칭적인 형태를 가진다.
② 표준정규분포보다 양쪽 꼬리가 더 두껍다.
③ 표본의 크기와 관계없이 항상 동일한 모양을 유지한다.
④ 자유도(df)가 커질수록 표준정규분포에 가까워진다.

> t-분포의 모양은 자유도에 따라 달라지며, 자유도가 커질수록 표준정규분포에 가까워진다. 이때, 표본의 크기가 커지면 자유도도 커진다.

29

요인 분석에서 특정 변수가 어떤 요인에 얼마나 강하게 영향을 주는지를 나타내는 값은?

① 공통성
② 고유 요인
③ 잠재 요인
④ 요인 적재량

> 요인 적재량(Factor Loading)는 특정 변수가 요인에 미치는 영향력을 나타내는 값으로, 잠재 요인의 해석에 사용된다.

정답   24 ② 25 ④ 26 ③ 27 ② 28 ③ 29 ④

30

군집분석에서 사용하는 계층적 군집분석의 두 가지 방식은?

① K-평균 군집과 밀도 기반 군집
② 응집형과 분할형 군집
③ 선형 군집과 비선형 군집
④ 모수적 군집과 비모수적 군집

> 계층적 군집분석은 데이터를 순차적으로 합쳐가거나(응집형) 나누어가며(분할형) 계층적 구조를 생성한다.

31

응집형(Agglomerative) 군집에서 '하향식' 접근법으로, 하나의 큰 군집에서 시작하여 순차적으로 분할해 나가는 방식은?

① 응집형
② 분할형
③ K-평균
④ 최단 연결법

> 분할형(Divisive) 군집은 하나의 큰 군집에서 시작하여 순차적으로 분할해 나가는 하향식 접근법이다.

32

나이브 베이즈의 핵심 원리 중, 조건부 확률의 계산이 매우 간단해지도록 하는 가정은?

① 등분산성 가정
② 공분산 행렬 동질성 가정
③ 정규성 가정
④ 특성 독립성 가정

> 특성 독립성 가정 덕분에 나이브 베이즈는 조건부 확률 계산이 간편해지고 훈련 속도가 빠르다.

33 ⭐빈출

서포트 벡터 머신(SVM)의 장점으로 옳지 않은 것은?

① 고차원 데이터 분류에 강하다.
② 커널 트릭을 통해 비선형 분류가 가능하다.
③ 훈련 데이터의 양이 매우 많아질 경우 훈련 속도가 매우 빠르다.
④ 분류 경계를 명확하게 설정하여 결과의 해석이 용이하다.

> 서포트 벡터 머신(SVM)은 계산 복잡도가 높아 훈련 데이터의 양이 많아질 경우 훈련 속도가 느려질 수 있다는 단점이 있다.

34

판별분석(Discriminant Analysis)이 주로 활용되는 분야로 가장 거리가 먼 것은?

① 의료 분야에서 질병 유무 그룹 분류
② 마케팅 분야에서 고객 그룹(예 VIP, 신규) 분류
③ 제조 분야에서 불량품과 정상품 판별
④ 시계열 데이터의 장기 추세 예측

> 시계열 데이터의 장기 추세 예측은 시계열분석의 영역이며, 판별분석은 그룹 분류 및 판별에 중점을 둔다.

35

K-최근접 이웃(KNN) 알고리즘의 단점 중, K값이 작을 경우 발생하는 문제는?

① 과소적합
② 모델 해석의 어려움
③ 이상값 데이터에 큰 영향을 받음
④ 훈련 단계의 속도 저하

> K-최근접 이웃(KNN)은 K값이 작을 경우 소수의 이웃에 크게 의존하여 이상값 데이터에 민감하게 영향을 받는다.

정답   30 ②   31 ②   32 ④   33 ③   34 ④   35 ③

36

연관 규칙 {A} → {B}에 대한 향상도(Lift)의 정의를 수식으로 표현한 것은?

① $P(B \mid A)$
② $P(A \cap B) / P(A)$
③ $P(A \cap B) / P(A)P(B)$
④ $P(A \cap B) / P(B)$

향상도(Lift)는 $P(A \cap B)$를 $P(A)P(B)$로 나눈 값으로, 연관성 (A와 B의 동시 발생 확률)이 독립일 때보다 얼마나 큰지를 나타낸다.

37

Apriori 알고리즘의 핵심 아이디어로 가장 적절한 것은?

① 트리 구조를 사용하여 데이터베이스 스캔을 최소화한다.
② 빈발 항목 집합의 모든 부분 집합도 빈발 항목 집합이라는 하위 집합 확장(Apriori) 속성을 활용한다.
③ K개의 이웃을 찾아 분류를 수행한다.
④ 군집 내 편차의 제곱 합을 최소화한다.

Apriori 알고리즘은 빈발 항목 집합의 모든 하위 집합도 반드시 빈발해야 한다는 속성(Apriori 속성)을 활용하여 탐색 공간을 줄인다.

38

R에서 데이터 프레임을 생성하는 함수로 옳지 않은 것은?

① data.frame()
② read.csv()
③ matrix()
④ as.data.frame()

matrix() 함수는 행렬(Matrix)을 생성하며, 데이터 프레임은 data.frame()이나 read.csv() 함수로 생성한다.

39

mean(C1, na.rm = TRUE)와 같이 R의 통계 함수에서 na.rm = TRUE 옵션을 사용하는 목적은?

① 결측값(NA)을 0으로 대체하기 위해
② 결측값(NA)을 포함하여 계산하기 위해
③ 결측값(NA)을 제외하고 계산하기 위해
④ 결측값(NA)을 중앙값으로 대체하기 위해

na.rm=TRUE 옵션은 R 통계 함수에서 결측값(NA)을 제외하고 계산하도록 한다.

40

왜도(Skewness)와 첨도(Kurtosis)와 같이 데이터 분포의 모양을 파악하는 데 사용되는 측정 지표의 종류는?

① 중심 경향 측정
② 변동성 측정
③ 분포 형태 측정
④ 상관 관계 측정

분포 형태 측정 지표에는 비대칭성을 나타내는 왜도(Skewness)와 뾰족한 정도를 나타내는 첨도(Kurtosis)가 있다.

41

기술 통계량 중 분산에 제곱근을 취한 값으로, 데이터의 척도와 동일한 단위를 사용하여 해석이 직관적인 지표는?

① 평균
② 분산
③ 표준편차
④ 사분위수 범위

표준편차는 분산의 제곱근으로 데이터의 척도와 동일하여 해석이 직관적이다.

정답   36 ③   37 ②   38 ③   39 ③   40 ③   41 ③

42

모집단으로부터 표본을 추출하여 그 특성을 파악하고, 이를 바탕으로 모집단 전체의 특성을 추정하는 과정이 필요한 이유로 가장 적절한 것은?

① 모집단의 통계량은 복잡하게 계산되기 때문에
② 전수조사는 시간과 비용이 많이 들기 때문에
③ 표본조사는 항상 전수 조사보다 정확하기 때문에
④ 비표본 오차를 줄일 수 있기 때문에

> 모집단 전체를 조사하는 전수조사는 시간과 비용이 많이 들기 때문에, 모집단을 대표할 수 있는 표본을 추출하여 추정하는 표본조사를 수행한다.

43

일원 분산분석(One-way ANOVA)이 분석하는 주요 내용은?

① 두 집단의 평균 차이
② 하나의 독립변수가 종속변수에 미치는 영향
③ 두 개 이상의 독립변수가 종속변수에 미치는 영향
④ 두 변수 간의 선형적 관계

> 일원 분산분석(One-way ANOVA)은 하나의 독립변수(요인)가 종속변수에 미치는 영향을 분석한다.

44

확률 분포 중, 두 정규 모집단에서 추출한 표본들의 분산 비율이 따르는 연속 확률 분포로, 분산분석(ANOVA)에 주로 사용되는 분포는?

① t-분포
② F-분포
③ 카이제곱분포
④ 정규분포

> F-분포는 두 정규 모집단에서 추출한 표본들의 분산 비율이 따르는 분포이며, 분산분석(ANOVA)에 활용된다.

45

다중회귀분석에서 독립변수가 종속변수에 미치는 영향의 크기와 방향을 나타내는 값은?

① 잔차
② 회귀계수
③ 오차항
④ 결정 계수

> 회귀계수(β)는 독립변수가 종속변수에 미치는 영향의 크기(기울기)와 방향을 나타낸다.

46

데이터 간의 유사성을 바탕으로 가장 가까운 데이터부터 순차적으로 묶어 하나의 큰 군집이 될 때까지 반복하는 계층적 군집 분석 방식은?

① 분할형
② 응집형
③ K-평균
④ 밀도 기반

> 응집형(Agglomerative) 군집은 가장 가까운 개체들을 순차적으로 병합하여 계층적 구조를 형성하는 상향식 방식이다.

47

나이브 베이즈 분류기의 주요 장점은?

① 특성 간 완벽한 독립성 보장
② 훈련 속도가 매우 빠르고 구현이 간단함
③ 0-빈도 문제의 완벽한 해결
④ 복잡한 비선형 경계 모델링에 최적화

> 나이브 베이즈는 특성 독립성 가정으로 인해 훈련 속도가 빠르고 구현이 간단하며 대용량 데이터에 적합하다.

정답 42 ② 43 ② 44 ② 45 ② 46 ② 47 ②

48

KNN 알고리즘의 주요 단점은?

① 훈련 단계가 느리다.
② 데이터의 양이 많아질수록 예측 시간이 오래 걸린다.
③ 모수적 방법이어서 비선형 관계에 약하다.
④ 모델 해석이 매우 어렵다.

KNN은 모든 훈련 데이터를 메모리에 저장하고 예측 시마다 거리를 계산해야 하므로, 데이터 양이 많아지면 예측 시간이 오래 걸린다는 단점이 있다.

50

F-분포가 가지는 특징으로 옳은 것은?

① 평균이 0이고 표준편차가 1인 종 모양의 대칭 분포이다.
② 오른쪽으로 약간 치우쳐진(왜도) 형태를 가지며, 두 개의 자유도에 의해 모양이 결정된다.
③ 자유도가 커질수록 t-분포에 가까워진다.
④ 주로 범주형 데이터 간의 연관성 검정에 사용된다.

F-분포는 오른쪽으로 치우쳐진 형태를 가지며, 두 개의 자유도(분자, 분모)에 의해 모양이 결정된다.

49

다중회귀분석 모형의 가정 중 하나인 오차항의 가정에 포함되지 않는 것은?

① 오차항의 정규성
② 오차항의 등분산성
③ 오차항들 간의 독립성
④ 오차항의 이분산성

회귀분석의 오차항은 정규성, 등분산성(잔차의 분산이 동일), 독립성(잔차들 간의 상관관계 없음)을 가정하며, 이분산성(분산이 동일하지 않음)은 가정을 위배하는 경우이다.

파이널 실전모의고사

자격종목	시험시간	문항수	점수
ADsP	1시간 30분	50문항	

1과목 데이터 이해

01 데이터를 가치 창출의 관점에서 바라볼 때, 데이터의 크기(Volume), 속도(Velocity), 다양성(Variety) 외에 데이터의 진실성 또는 신뢰도(Veracity)를 추가하여 빅데이터의 4대 특징으로 설명하는 경우가 있다. 이 네 가지 'V'에 대한 설명으로 가장 적절하지 않은 것은?

① Volume(크기): 수집 · 저장되는 데이터의 물리적인 양 증가를 의미한다.
② Velocity(속도): 데이터가 생성되고 처리되는 속도가 빨라지는 것을 의미하며, 실시간 분석의 중요성이 커진다.
③ Variety(다양성): 정형, 반정형, 비정형 데이터를 포함하여 데이터 형태가 다양해지는 것을 의미한다.
④ Value(가치): 데이터로부터 새로운 가치와 통찰을 추출하는 능력을 의미하며, 이 과정 자체가 빅데이터의 주요 특징이다.

02 DIKW(Data-Information-Knowledge-Wisdom) 피라미드 계층 구조 중, '데이터'를 가공하여 맥락을 부여하고 유의미한 관계를 파악함으로써 얻게 되는 산출물은?

① 지식(Knowledge)
② 지혜(Wisdom)
③ 데이터(Data)
④ 정보(Information)

03 다음 중 미리 정의된 구조가 없거나, 데이터 내부에 구조 정보가 포함되어 있어 메타데이터가 임의로 변화할 수 있는 반정형 데이터(Semi-structured Data)의 사례로 가장 적절한 것은?

① 관계형 데이터베이스(RDB) 테이블
② CSV 파일
③ XML 또는 JSON 문서
④ 일반 텍스트 문서

04 암묵지(Tacit Knowledge)와 형식지(Explicit Knowledge)의 상호작용을 통해 지식을 창출하는 SECI 모델의 네 가지 변환 과정 중, 개인의 암묵지를 다른 사람의 암묵지로 전달하는 과정(예 멘토링, 도제식 교육)을 의미하는 것은?

① Socialization(공통화)
② Externalization(표출화)
③ Combination(연결화)
④ Internalization(내면화)

05 데이터 사이언티스트에게 요구되는 역량 중, 분석 모형의 결과에 대한 비즈니스적 통찰력, 고객 및 현업과의 원활한 소통, 문제 정의 및 스토리텔링 능력 등 분석 외적인 능력을 의미하는 것은?

① 분석 기술 역량
② IT 기술 역량
③ 소프트 스킬
④ 통계적 모델링 역량

06 데이터의 품질 관리 요소 중, 데이터의 값 자체가 오류를 포함하고 있지 않은 정도를 나타내며 데이터 값이 유효 범위 내에 있는지, 형식이 올바른지 등을 검증하는 항목은?

① 정확성(Accuracy)
② 최신성(Timeliness)
③ 일관성(Consistency)
④ 유용성(Usefulness)

07 빅데이터 시대의 주요 위기 요인 중, 데이터가 제공하는 결과를 맹신하거나, 알고리즘 자체의 오류 또는 편향으로 인해 발생하는 결과를 쉽게 받아들이게 되면서, 분석 결과에 대한 비판적인 책임 추궁이 어려워지는 현상은?

① 사생활 침해
② 책임 원칙 훼손
③ 데이터 오용
④ 인과관계의 경시

08 데이터의 측정 척도 중, 절대적인 원점(Absolute Zero Point)이 존재하며, 항목 간의 순위, 간격뿐만 아니라 비율까지 의미를 가지는 가장 정교한 척도는? (예 길이, 무게, 금액)

① 명목척도(Nominal Scale)
② 순서척도(Ordinal Scale)
③ 등간척도(Interval Scale)
④ 비율척도(Ratio Scale)

09 기업의 전사적인 관점에서 분산된 데이터를 통합하고, 장기간 축적하여 의사결정 지원에 활용하기 위해 구축된 데이터베이스는?

① OLTP(Online Transaction Processing)
② 데이터 마트(Data Mart)
③ 데이터 웨어하우스(Data Warehouse)
④ NoSQL

10 다음 중 관계형 데이터베이스(RDB)의 엄격한 구조 및 ACID(원자성, 일관성, 독립성, 지속성) 특성을 포기하는 대신, 대규모 비정형 데이터의 처리 속도 및 유연성을 높이기 위해 설계된 데이터 저장 기술은?

① 데이터 웨어하우스
② 메타데이터
③ NoSQL
④ 데이터 마트

2과목 데이터분석 기획

11 데이터 분석 방법론 중 업무 이해, 데이터 이해, 데이터 준비, 모델링, 평가, 전개의 6단계를 순환적으로 수행하는 구조를 가지며, 가장 널리 사용되는 표준 방법론은?

① 폭포수 모델(Waterfall Model)
② CRISP-DM(Cross Industry Standard Process for Data Mining)
③ 나선형 모델(Spiral Model)
④ 빅데이터 분석 방법론

12 하향식 접근법(Top Down Approach)을 통해 분석 과제를 발굴할 때, 최종적으로 분석 과제의 실행 가능성을 검토하는 타당성 검토(Feasibility Study) 항목에 해당하지 않는 것은?

① 경제적 타당성(ROI, 비용/효과)
② 기술적 타당성(분석 기술 확보 여부)
③ 데이터 타당성(데이터 존재 및 확보 용이성)
④ 운영적 타당성(법적/윤리적 준수 여부)

13 분석 기회 발굴을 위한 4가지 분석 과제 유형을 구분할 때, 분석 대상 영역에 대한 이해 수준이 낮고, 분석 방법의 성숙도도 낮은 사분면의 분석 유형은?

① Insight(통찰)
② Discovery(발견)
③ Solution(솔루션)
④ Technique(테크닉)

14 기업의 분석 성숙도 모델 단계 중, 분석 업무에 대한 전사적인 인식과 공감대는 형성되었으나, 분석을 위한 체계적인 관리 조직과 프로세스가 미흡하고 분석의 확산이 필요한 단계는?

① 도입형
② 정착형
③ 확산형
④ 최적화형

15 분석 마스터 플랜 수립 시, 분석 과제의 우선순위를 결정하는 주요 기준인 가치(Value)와 난이도(Difficulty) 중 난이도를 평가하는 주요 요소로 가장 거리가 먼 것은?

① 분석 방법의 난이도
② 데이터 확보 및 처리의 용이성
③ 분석 수행 조직의 역량 수준
④ 분석 결과의 비즈니스 영향도

16 데이터 분석 거버넌스 체계의 세 가지 주요 구성요소(데이터, 조직, 프로세스) 중, 데이터 관리자의 역할 정의, 데이터 표준 위원회 운영, 분석 전문가 육성 및 배치 등을 포함하는 요소는?

① 데이터
② 조직
③ 프로세스
④ 인프라

17 데이터 분석 프로젝트의 위험 관리 관점에서, 분석 과제의 정의가 불명확하여 프로젝트 목표가 모호해지거나, 새로운 분석 시도로 인해 결과 예측이 어려운 위험 유형에 해당하는 것은?

① 사업적 위험
② 기술적 위험
③ 데이터적 위험
④ 인력적 위험

18 폭포수 모델(Waterfall Model)의 단점으로 가장 적절하지 않은 것은?

① 요구사항의 변경이 어려워 유연성이 떨어진다.
② 각 단계별 피드백 과정이 없어 문제 발생 시 초기 단계로 돌아갈 수 없다.
③ 초기 단계의 요구사항 정의가 매우 명확해야 한다.
④ 프로젝트 진행 중 발생한 위험을 조기에 파악하고 대응하기 어렵다.

19 데이터 기반 전략 수립 시, 현재 수준의 분석 역량을 진단하는 데 필요한 요소로 옳지 않은 것은?

① 인력 및 조직(분석 인력 규모 및 역량)
② 분석 기술 및 방법론(보유 기술 수준)
③ IT 시스템 및 인프라(분석 환경 구축 여부)
④ 장기적인 비즈니스 목표 설정

20 데이터 거버넌스에서 기업 내 모든 데이터의 정의, 형식, 규칙을 통일하여 데이터의 상호 운용성을 확보하고 분석 결과의 일관성을 유지하기 위한 활동은?

① 데이터 보안 관리
② 데이터 표준화
③ 데이터 생명주기 관리
④ 데이터 품질 관리

3과목 **데이터분석**

21 모집단에서 추출된 표본의 특성을 사용하여 모집단의 모수(예 평균, 분산)를 추론하는 통계적 방법은?

① 기술 통계(Descriptive Statistics)
② 추론 통계(Inferential Statistics)
③ 비모수 통계(Non-parametric Statistics)
④ 베이즈 통계(Bayesian Statistics)

22 모집단이 서로 상이한 특성을 가진 몇 개의 소집단(층)으로 구성되어 있을 때, 각 소집단의 특성을 반영하여 소집 단별로 무작위 추출을 실시하는 표본 추출 방법은?

① 단순 무작위 추출(Simple Random Sampling)
② 계통 추출(Systematic Sampling)
③ 집락 추출(Cluster Sampling)
④ 층화 추출(Stratified Sampling)

23 가설 검정에서 귀무가설(H₀)이 참인데도 불구하고 이를 기각하는 오류는?

① 1종 오류(α 오류)
② 2종 오류(β 오류)
③ 검정력(Power)
④ 유의수준(Significance Level)

24 다음 중 데이터의 분포 형태를 나타내는 측정치인 첨도(Kurtosis)와 왜도(Skewness)에 대한 설명으로 가장 적절하지 않은 것은?

① 왜도는 분포의 비대칭 정도를 나타내며, 왜도가 0이면 대칭적인 분포이다.
② 첨도는 분포의 꼬리 두께와 봉우리의 뾰족한 정도를 나타낸다.
③ 정규분포의 왜도는 0이고, 첨도는 3이다.
④ 첨도가 양수이면 꼬리가 두껍고 중심이 평평하며, 음수이면 꼬리가 얇고 중심이 뾰족하다.

25 모수가 포함될 것으로 기대되는 구간을 확률적으로 제시하는 추정 방법은?

① 가설 검정
② 신뢰 구간 추정
③ 모수 검정
④ 표본 추출

26 다음 중 두 범주형 변수(예 성별과 선호 브랜드) 간의 독립성 또는 연관성을 검정하는 데 사용되는 비모수 통계 방법은?

① 독립표본 t-검정
② 대응표본 t-검정
③ 분산 분석(ANOVA)
④ 카이제곱 검정(χ^2-test)

27 회귀분석에서 독립변수(X)와 종속변수(Y)의 관계를 선형 모형으로 나타낼 때, 추정된 모형이 종속변수의 총 변동(TSS)을 얼마나 잘 설명하는지를 나타내는 지표는?

① VIF(분산 팽창 요인)
② 결정 계수(R^2)
③ p-value
④ Durbin-Watson 통계량

28 로지스틱 회귀분석(Logistic Regression)에 대한 설명으로 가장 적절한 것은?

① 종속변수가 연속형일 때 사용하며, 잔차가 정규분포를 따른다고 가정한다.
② 종속변수가 범주형(주로 이진형)일 때 사용하며, 선형 모형을 로짓 변환하여 확률을 예측한다.
③ 다중공선성이 발생해도 모형의 추정에는 전혀 영향을 미치지 않는다.
④ 종속변수의 오차항에 등분산성이 가정된다.

29 회귀분석 모형의 독립변수들 간에 강한 상관관계가 존재하여 회귀계수의 분산이 커지고 추정이 불안정해지는 현상은?

① 자기상관(Autocorrelation)
② 이분산성(Heteroscedasticity)
③ 다중공선성(Multicollinearity)
④ 잔차의 비정규성(Non-normality of Residuals)

30 데이터를 분할해 나가는 과정을 통해 나무 구조로 분류 규칙을 생성하며, 지니 지수(Gini Index)나 엔트로피(Entropy)를 사용하여 노드의 불순도를 측정하는 예측 모형은?

① 서포트 벡터 머신(SVM)
② K-최근접 이웃(K-NN)
③ 의사결정나무(Decision Tree)
④ 로지스틱 회귀분석(Logistic Regression)

31 나이브 베이즈(Naive Bayes) 분류기에 대한 설명으로 가장 적절하지 않은 것은?

① 베이즈 정리를 기반으로 하는 확률적 분류 모형이다.
② 각 속성(독립변수)들은 종속변수가 주어졌을 때 상호 독립이라고 가정한다.
③ 학습 데이터가 적을 때도 비교적 안정적인 성능을 보인다.
④ 비선형적인 결정 경계(Decision Boundary)를 가지며, 계산 복잡도가 매우 높다.

32 앙상블(Ensemble) 기법 중 원본 데이터셋에서 복원 추출(Bootstrap)된 다수의 표본으로 다수의 모델(예 의사결정나무)을 독립적으로 학습시킨 후, 그 결과를 평균 또는 다수결 투표로 취합하여 최종 결과를 도출하는 방식은?

① 부스팅(Boosting)
② 배깅(Bagging)
③ 스태킹(Stacking)
④ 차원 축소(Dimension Reduction)

33 이전 모델의 오분류 결과에 가중치를 부여하여 다음 모델 학습에 반영함으로써, 순차적이고 적응적으로 모델의 성능을 향상시키는 앙상블 기법은?

① 배깅(Bagging)
② 부스팅(Boosting)
③ 스태킹(Stacking)
④ 주성분 분석(PCA)

34 군집 분석 기법 중 군집의 개수(K)를 사전에 지정해야 하며, 각 데이터 포인트를 가장 가까운 군집 중심 (Centroid)에 할당하고 중심을 반복적으로 갱신하는 분할적 군집 방법은?

① K-평균 군집(K-Means Clustering)
② 계층적 군집(Hierarchical Clustering)
③ DBSCAN(Density-Based Spatial Clustering Of Applications With Noise)
④ SOM(Self-Organizing Map)

35 군집 분석 기법 중 각 데이터를 하나의 군집으로 보고 시작하여, 가장 가까운 군집들을 순차적으로 병합해 나가는 상향식 방법을 사용하는 것은?

① K-평균 군집
② DBSCAN
③ 계층적 군집
④ 밀도 기반 군집

36 연관 규칙 A → B에 대한 평가 지표 중 전체 거래에서 항목 집합 A와 B가 동시에 발생하는 비율을 의미하는 지표는?

① 지지도(Support)
② 신뢰도(Confidence)
③ 향상도(Lift)
④ 확신도(Conviction)

37 연관 규칙 A → B에 대한 평가 지표 중 항목 집합 A가 포함된 거래 중에서 항목 집합 B도 포함될 확률을 의미하는 지표는?

① 지지도(Support)
② 신뢰도(Confidence)
③ 향상도(Lift)
④ 확신도(Conviction)

38 시계열 데이터에서 시간의 흐름에 따라 평균이나 분산이 일정하게 유지되는 특성은?

① 추세(Trend)
② 계절성(Seasonality)
③ 불규칙성(Irregularity)
④ 정상성(Stationarity)

39 비정상 시계열을 정상 시계열로 변환하기 위해, 현재 시점의 자료에서 바로 이전 시점의 자료를 빼는 작업은?

① 이동 평균(Moving Average)
② 차분(Differencing)
③ 평활화(Smoothing)
④ 계절 조정(Seasonal Adjustment)

40 이진 분류 모형의 평가 지표 중 실제 양성(Positive)인 것 중에서 모형이 양성(True Positive)으로 올바르게 예측한 비율을 의미하는 지표는? (참양성률, 민감도와 동일한 개념)

① 정밀도(Precision)
② 재현율(Recall)
③ 특이도(Specificity)
④ 정확도(Accuracy)

41 이진 분류 모형의 성능 평가에서, 민감도(재현율)를 Y축, 1-특이도(False Positive Rate)를 X축으로 하여 모형의 임계값 변화에 따른 분류 성능을 시각화하는 곡선은?

① 학습 곡선(Learning Curve)
② ROC 커브(Receiver Operating Characteristic Curve)
③ 잔차 그림(Residual Plot)
④ 박스 플롯(Box Plot)

42 모형이 훈련 데이터에 너무 잘 맞도록 학습되어 새로운 데이터(테스트 데이터)에서는 예측 성능이 떨어지는 현상은?

① 과소적합(Underfitting)
② 과대적합(Overfitting)
③ 편향(Bias)
④ 분산(Variance)

43 모형의 오차를 편향(Bias)과 분산(Variance)으로 나누어 설명할 때, 모형의 단순함으로 인해 발생하는 오차(훈련 데이터와 테스트 데이터 모두에서 높은 오차)를 의미하는 것은?

① 편향(Bias)
② 분산(Variance)
③ 잔차(Residual)
④ 결정 계수(R^2)

44 모집단의 분산을 알지 못하고 표본의 크기가 작을 때, 모평균에 대한 가설 검정이나 신뢰 구간 추정에 사용되는 확률 분포는?

① 표준 정규 분포(Z-distribution)
② t-분포(t-distribution)
③ 카이제곱 분포(χ^2-distribution)
④ F-분포(F-distribution)

45 데이터를 4등분하는 지점의 값들을 의미하며, 데이터의 산포도를 측정하는 데 사용되는 척도는? (예) Q1, Q2, Q3)

① 평균(Mean)
② 최빈값(Mode)
③ 사분위수(Quartile)
④ 표준편차(Standard Deviation)

46 K-평균 군집에서 군집의 개수(K)를 결정하는 방법 중 K가 증가함에 따라 WSS(Within-cluster Sum of Squares) 값이 급격히 감소하다가 완만해지는 지점을 최적의 K로 결정하는 방법은?

① 실루엣 계수(Silhouette Coefficient)
② 엘보우 기법(Elbow Method)
③ 분산 팽창 요인(VIF)
④ AIC(Akaike Information Criterion)

47 ARIMA 모형에서 ARIMA(p, d, q)로 표기할 때, p가 의미하는 것은?

① 차분 횟수(Differencing Order)
② 자기회귀 모형의 차수(Autoregressive Order)
③ 이동평균 모형의 차수(Moving Average Order)
④ 계절성 차수(Seasonal Differencing Order)

48 관측치 중 다른 관측치와 현저하게 멀리 떨어져 있어 모형의 추정이나 결과에 비정상적인 영향을 미치는 데이터 포인트는?

① 결측값(Missing Value)
② 이상값(Outlier)
③ 잡음(Noise)
④ 특징(Feature)

49 오분류표에서 실제 음성(N)인 것 중에서 모형이 음성(TN)으로 올바르게 예측한 비율을 의미하는 지표는?

① 민감도(Sensitivity)
② 재현율(Recall)
③ 특이도(Specificity)
④ 정밀도(Precision)

50 두 변수 간의 선형적인 관계의 강도와 방향을 나타내는 통계량으로, -1부터 1까지의 값을 가지며, 1에 가까울수록 강한 양의 선형 관계를 의미하는 것은?

① 공분산(Covariance)
② 상관계수(Correlation Coefficient)
③ 분산(Variance)
④ 표준오차(Standard Error)

파이널 실전모의고사 2회

자격종목	시험시간	문항수	점수
ADsP	1시간 30분	50문항	

1과목 데이터 이해

01 데이터의 가치 평가 요소 중, 데이터가 활용되는 사용처 및 적용 범위와 관련된 가치 요소는?

① 경제적 가치(Economic Value)
② 기술적 가치(Technical Value)
③ 비즈니스 가치(Business Value)
④ 내부 역량 가치(Internal Capability Value)

02 빅데이터 시대의 주요 특징인 'Variety(다양성)'에 해당하는 데이터 유형의 조합으로 가장 적절한 것은?

① 관계형 데이터베이스(RDB) 테이블과 텍스트 문서
② 엑셀 파일과 CSV 파일
③ XML/JSON 파일과 동영상/음성 파일
④ 정형 데이터, 반정형 데이터, 비정형 데이터

03 개인정보 비식별화 기술 중 데이터의 원래 값 대신 구간이나 범주로 대체하여 특정 개인을 식별할 수 없도록 하는 방법은? (예) 나이 20세 대신 '20대'로 변경)

① 가명 처리(Pseudonymization)
② 총계 처리(Aggregation)
③ 범주화(Categorization) 또는 Masking (마스킹)
④ 데이터 삭제(Data Deletion)

04 데이터를 처리하거나 분석하는 과정에서 그 데이터에 대한 구조화된 데이터이자 데이터의 의미, 특징 등을 설명해 주는 데이터는?

① 빅데이터
② 트랜잭션 데이터
③ 메타데이터
④ 데이터마트

05 DIKW 피라미드의 네 단계 중 가장 높은 수준으로, 얻어진 지식을 바탕으로 현상에 대한 본질적인 이해와 통찰을 통해 올바른 의사결정 및 가치 판단을 할 수 있는 단계는?

① 데이터(Data)
② 정보(Information)
③ 지식(Knowledge)
④ 지혜(Wisdom)

06 데이터베이스 시스템 중 실시간으로 발생하는 거래(Transaction)를 처리하고, 데이터의 원자성(Atomicity)과 일관성(Consistency)을 보장하는 데 초점을 맞춘 시스템은?

① 데이터 웨어하우스(DW)
② OLTP(Online Transaction Processing)
③ 데이터 마트(DM)
④ BI 시스템(Business Intelligence System)

07 다음 중 정성적 데이터(Qualitative Data)의 사례로 가장 적절한 것은?

① 판매 금액(100,000원)
② 고객 만족도 점수(5점 만점)
③ 방문자 수(1,000명)
④ 고객 인터뷰 기록(텍스트)

08 데이터의 측정 척도 중, 순위(Order) 정보는 포함되지만 항목 간의 간격(Interval)은 의미가 없는 척도는?
(예 학점, 만족도 등급)

① 명목척도(Nominal Scale)
② 순서척도(Ordinal Scale)
③ 등간척도(Interval Scale)
④ 비율척도(Ratio Scale)

09 기업이 데이터를 전략적 자산으로 인식하고 데이터의 품질, 표준, 보안 등을 체계적으로 관리하기 위해 수립하는 정책, 조직, 프로세스의 총체적 체계는?

① 데이터 분석 체계
② 데이터 마이닝
③ 데이터 거버넌스
④ 정보 시스템

10 데이터 거버넌스 구성요소 중 데이터 표준화, 데이터 품질 관리, 메타데이터 관리 등을 포함하는 요소는?

① 조직
② 프로세스
③ 데이터
④ 시스템

2과목 데이터분석 기획

11 데이터 분석 기획 시, 분석 과제의 우선순위를 결정하는 기준인 가치(Value)와 난이도(Difficulty)를 매트릭스 형태로 구분하여 관리하는 방법은?

① 포트폴리오 관리(Portfolio Management)
② 스케줄링 기법(Scheduling Technique)
③ AHP 기법(Analytic Hierarchy Process)
④ WBS(Work Breakdown Structure)

12 분석 성숙도 모델 단계 중, 분석 업무가 일상화되고 분석 결과가 경영 의사결정의 핵심 도구로 사용되며, 분석 조직 및 인프라가 체계적으로 갖춰져 선도적인 분석 문화를 형성하는 단계는?

① 도입형
② 정착형
③ 확산형
④ 최적화형

13 빅데이터 분석 방법론 중 나선형(Spiral) 모델의 특징으로 가장 적절하지 않은 것은?

① 초기 모델을 신속하게 개발하고 고객의 요구사항을 반복적으로 반영할 수 있다.
② 프로젝트 진행 중 발생하는 위험을 조기에 파악하고 관리하는 데 용이하다.
③ 이전 단계가 완료되어야만 다음 단계로 진행되는 엄격한 순차적 구조를 따른다.
④ 분석 과제의 불확실성이 높고, 요구사항의 변경 가능성이 있을 때 적합하다.

14 CRISP-DM 분석 방법론의 6단계 중 데이터의 결측값, 이상값, 잡음을 식별하고, 데이터 통합, 정제, 변환 등 분석에 적합한 형태로 가공하는 활동이 주로 발생하는 단계는?

① 데이터 이해(Data Understanding)
② 데이터 준비(Data Preparation)
③ 모델링(Modeling)
④ 평가(Evaluation)

15 하향식 접근법(Top Down Approach)에 대한 설명으로 가장 적절한 것은?

① 데이터에서 패턴을 발견하고 이를 기반으로 문제를 정의하는 방식이다.
② 사전에 정의된 비즈니스 문제와 목표를 달성하기 위한 분석 과제를 정의한다.
③ 분석가의 직관이나 경험을 바탕으로 새로운 분석 기회를 발굴하는 데 유리하다.
④ 분석 대상 영역의 이해가 낮고, 분석 방법의 성숙도가 높을 때 주로 사용된다.

16 분석 과제 발굴의 4가지 유형 중 분석 대상 영역에 대한 이해 수준은 높고, 분석 방법의 성숙도 높은 사분면의 분석 유형은?

① Insight(통찰)
② Discovery(발견)
③ Solution(솔루션)
④ Technique(테크닉)

17 분석 프로젝트의 추진 방식 중 전사적으로 모든 데이터를 통합하고 분석 인프라를 구축한 후 단계적으로 분석을 확산해 나가는 전략은?

① 투-트랙(Two-Track) 전략
② 마스터 플랜 수립 후 순차적 실행 전략
③ 단기 성과 중심 전략
④ 빅 크런치(Big Crunch) 전략

18 데이터 표준화, 데이터 품질 관리, 데이터 생명주기 관리 등을 포함하여 데이터의 관리 절차 및 지침을 정의하는 요소는?

① 데이터
② 조직
③ 프로세스
④ 인프라

19 분석 마스터 플랜 수립 시, 분석 과제의 우선순위를 결정하는 주요 기준인 난이도(Difficulty)를 평가하는 요소로 가장 거리가 먼 것은?

① 데이터 유형 및 복잡성
② 필요한 데이터의 양
③ 분석 결과의 정확성 요구 수준
④ 분석 모형 구현에 필요한 기술 수준

20 분석 과제 정의 시, 최종적으로 도출된 분석 과제가 기업의 목표 달성에 기여하는 정도를 평가하는 요소는?

① 데이터 품질
② 기술적 난이도
③ 전략적 중요도
④ 분석 조직 역량

3과목 **데이터분석**

21 통계적 추론 방법 중 모집단의 분포 형태나 모수에 대한 특정 가정 없이 자료의 순위나 부호와 같은 정보만을 이용하여 검정을 수행하는 방법은 무엇인가?

① 모수적 통계(Parametric Statistics)
② 비모수적 통계(Non-parametric Statistics)
③ 베이즈 통계(Bayesian Statistics)
④ 기술 통계(Descriptive Statistics)

22 이산형 확률변수 X의 분산(Var(X))을 구하는 공식은? (단, μ=E[X])

① $\sum (x_i - \mu)2p(x_i)$
② $\sum (x_i - \mu)^2 p(x_i)$
③ $\sum x_i p(x_i)$
④ $\sum (x_i - \mu)p(x_i)$

23 가설 검정에서 귀무가설(H_0)이 거짓인데도 불구하고 이를 기각하지 않고 채택하는 오류는?

① 1종 오류(α 오류)
② 2종 오류(β 오류)
③ 유의수준(α)
④ 검정력(Power)

24 독립변수가 1개인 단순 선형회귀모형에서 잔차(e_i)가 독립변수(X_i)의 크기와 상관없이 일정한 분산을 가져야 한다는 가정은?

① 선형성(Linearity)
② 등분산성(Homoscedasticity)
③ 잔차의 독립성(Independence of Residuals)
④ 잔차의 정규성(Normality of Residuals)

25 모집단의 분산에 대한 가설 검정이나 두 개 이상의 모집단 분산의 동일성 검정에 주로 사용되는 확률 분포는?

① 정규분포(Normal Distribution)
② t-분포(t-distribution)
③ 카이제곱분포(χ^2-distribution)
④ F-분포(F-distribution)

26 모집단이 정규분포를 따르지 않더라도, 표본의 크기(n)가 충분히 크다면 표본 평균의 분포는 정규분포에 근접한다는 이론은?

① 큰 수의 법칙(Law of Large Numbers)
② 중심 극한 정리(Central Limit Theorem)
③ 베이즈 정리(Bayes' Theorem)
④ 확률 질량 함수(PMF)

27 회귀분석에서 모형의 변수 선택 방법 중 변수 하나도 없는 모형에서 시작하여 통계적으로 가장 유의미한 변수부터 하나씩 추가해 나가는 방법은?

① 전진 선택법(Forward Selection)
② 후진 제거법(Backward Elimination)
③ 단계적 선택법(Stepwise Selection)
④ 모든 가능 회귀(All Possible Regression)

28 로지스틱 회귀분석에서 추정된 계수(β_i)를 해석할 때, 독립변수 X_i의 1단위 변화가 성공 확률에 미치는 영향이 아닌, 성공 오즈(Odds)에 미치는 영향을 통해 해석하는 것이 일반적인 이유는?

① 로짓 변환을 통해 선형관계를 가지는 것이 확률이 아닌 오즈이기 때문이다.
② 오즈의 값이 항상 0과 1 사이에 존재하기 때문이다.
③ 확률보다 오즈가 계산하기 더 쉽기 때문이다.
④ 로지스틱 함수가 확률을 예측하지 못하기 때문이다.

29 시계열 데이터 분석 시, 오차항(잔차)들 간에 상관관계가 존재하여 등분산성과 함께 회귀 계수 추정의 효율성이 떨어지는 현상은?

① 다중공선성(Multicollinearity)
② 자기상관(Autocorrelation)
③ 이분산성(Heteroscedasticity)
④ 비선형성(Non-linearity)

30 서포트 벡터 머신(SVM)에서 입력 데이터를 고차원의 특징 공간으로 매핑하여 비선형 문제도 선형 분리가 가능하도록 하는 함수는?

① 로짓 함수(Logit Function)
② 시그모이드 함수(Sigmoid Function)
③ 커널 함수(Kernel Function)
④ 손실 함수(Loss Function)

31 인공신경망에서 뉴런의 입력 합을 출력으로 변환하여 모형의 비선형성을 부여하고 다음 계층으로 전달하는 데 사용되는 함수는?

① 손실 함수(Loss Function)
② 활성화 함수(Activation Function)
③ 비용 함수(Cost Function)
④ 최적화 함수(Optimization Function)

32 오분류표에서 모형의 예측이 양성(P)일 때, 실제 값도 양성(TP)일 확률을 의미하는 지표는?

① 정확도(Accuracy)
② 재현율(Recall)
③ 특이도(Specificity)
④ 정밀도(Precision)

33 랜덤 포레스트(Random Forest)에 대한 설명으로 가장 적절한 것은?

① 부스팅 기법을 사용하며, 이전 나무의 오류를 보정하며 순차적으로 학습한다.
② 배깅 기법을 사용하며, 복원 추출된 표본과 무작위로 선택된 변수를 사용하여 다수의 의사결정나무를 독립적으로 생성한다.
③ 하나의 의사결정나무만 사용하여 과대적합을 방지한다.
④ 선형 분류 문제에만 적용 가능하며 비선형 문제에는 부적합하다.

34 군집 분석에서 군집의 품질을 평가하는 지표로, 개별 데이터가 속한 군집 내의 응집도와 다른 군집과의 분리도를 동시에 고려하여 군집이 얼마나 잘 되었는지를 −1과 1 사이의 값으로 나타내는 지표는?

① 실루엣 계수(Silhouette Coefficient)
② 엘보우 기법(Elbow Method)
③ AIC(Akaike Information Criterion)
④ RMSE(Root Mean Square Error)

35 K-평균 군집의 단점인 이상값(Outlier)에 대한 민감성을 보완하기 위해, 군집의 중심을 실제 데이터 포인트 중 하나인 메도이드(Medoid)로 설정하고 군집화를 수행하는 방법은?

① K-중앙값 군집(K-Medians Clustering)
② K-메도이드 군집(K-Medoids Clustering)
③ DBSCAN
④ 계층적 군집

36 연관 규칙 A → B에 대한 평가 지표 중 규칙의 우연한 발생 확률 대비 실제 발생 확률의 비율을 나타내며, 1보다 클 경우 두 항목 간에 양의 연관성이 있다고 판단하는 지표는?

① 지지도(Support)
② 신뢰도(Confidence)
③ 향상도(Lift)
④ 확신도(Conviction)

37 연관 분석에서 빈발 항목 집합(Frequent Itemset)을 효율적으로 탐색하기 위해, 어떤 항목 집합이 빈발하지 않으면, 그것을 포함하는 모든 상위 항목 집합도 빈발하지 않을 것이라는 성질을 활용하는 알고리즘은?

① K-Means
② Apriori 알고리즘
③ DBSCAN
④ K-NN

38 시계열 분석에서 ARMA(p, q) 모형에 차분(D) 과정을 추가하여 비정상 시계열을 분석할 수 있도록 확장한 모형은?

① AR 모형
② MA 모형
③ ARIMA 모형
④ ARIMAX 모형

39 데이터의 분포를 왜곡시키거나 모형의 성능을 저해할 수 있는 이상값(Outlier)을 처리하는 방법으로 가장 적절하지 않은 것은?

① 이상값을 모두 삭제한다.
② 이상값을 해당 변수의 평균값이나 중앙값으로 대체한다.
③ 이상값을 윈저라이징(Winsorizing)하여 일정 수준의 값으로 상한/하한을 설정한다.
④ 이상값에 민감하지 않은 군집 방법(예 DBSCAN)을 적용한다.

40 회귀 모형의 성능을 평가하는 지표 중, 잔차(오차)의 제곱의 평균에 제곱근을 취하여 종속변수와 동일한 단위를 가지도록 만든 지표는?

① MSE(Mean Squared Error)
② MAE(Mean Absolute Error)
③ RMSE(Root Mean Squared Error)
④ R^2(결정계수)

41 ROC 커브 아래 면적을 의미하며, 임의로 선택된 양성 샘플이 임의로 선택된 음성 샘플보다 더 높게 분류될 확률로 해석되는 지표는?

① AUC(Area Under the ROC Curve)
② F1-Score
③ 카파 통계량(Kappa Statistic)
④ Gini Index

42 모형의 오차를 편향과 분산으로 나누어 설명할 때, 모형이 너무 복잡하여 훈련 데이터에 대한 과도한 적합으로 발생하는 오차를 의미하는 것은?

① Bias
② Variance
③ Residual
④ R^2

43 데이터 포인트 간의 거리를 계산하는 방법 중 각 변수의 측정 단위 차이와 변수 간의 상관관계(공분산)를 보정하여 거리를 측정하는 것은?

① 유클리드 거리(Euclidean Distance)
② 맨하튼 거리(Manhattan Distance)
③ 마할라노비스 거리(Mahalanobis Distance)
④ 코사인 유사도(Cosine Similarity)

44 세 개 이상의 모집단 평균이 모두 동일한지 여부를 검정하는 통계적 방법으로, 분산의 비율(F-통계량)을 이용하여 검정을 수행하는 것은?

① t-검정(t-test)
② 분산분석(ANOVA)
③ 카이제곱 검정(χ^2-test)
④ 상관분석(Correlation Analysis)

45 두 연속형 변수 간의 선형적인 관계를 측정하고, 피어슨 상관계수를 사용하는 데이터의 측정 척도는?

① 명목척도
② 순서척도
③ 등간척도와 비율척도
④ 등간척도와 순서척도

46 의사결정나무에서 노드의 불순도를 측정하는 지표 중 특정 클래스에 속하지 않을 확률을 사용하여 불순도를 계산하는 지표는?

① 지니 지수(Gini Index)
② 엔트로피(Entropy)
③ 분산(Variance)
④ 오즈(Odds)

47 두 모집단의 모평균 차이에 대한 가설 검정 시, 모집단의 분산을 모르고 표본의 크기가 작은 경우에 사용되는 검정 방법은?

① z-검정
② t-검정
③ F-검정
④ χ^2-검정

48 신경망 학습 과정에서 훈련 데이터에 대한 예측 값과 실제 값 사이의 차이(오차)를 최소화하기 위해 사용되는 함수는?

① 활성화 함수(Activation Function)
② 손실 함수(Loss Function)
③ 로짓 함수(Logit Function)
④ Softmax 함수

49 시계열분석에서 추세(Trend)와 계절성(Seasonality)이 모두 존재하는 비정상 시계열에 대해, 추세와 계절성을 각각 제거하여 정상 시계열로 변환한 후 ARIMA 모형을 적용하는 분석 모형은?

① AR 모형
② MA 모형
③ SARIMA 모형
④ ARMAX 모형

50 분류 모형에서 과대적합(Overfitting)을 방지하기 위해, 모형의 복잡도(예) 회귀계수의 크기)에 페널티(Penalty)를 부여하여 모형의 일반화 성능을 높이는 규제화(Regularization) 기법은?

① K-폴드 교차 검증(K-fold Cross- validation)
② 라쏘(Lasso) 및 릿지(Ridge) 회귀
③ 배깅(Bagging)
④ 엘보우 기법(Elbow Method)

CHAPTER 03 | 파이널 실전모의고사 정답 및 해설

파이널 실전모의고사 1회				01	02	03	04	05	06	07	08	09	10
				④	④	③	①	③	①	②	④	③	③
11	12	13	14	15	16	17	18	19	20	21	22	23	24	25	26	27	28	29	30

11	12	13	14	15	16	17	18	19	20	21	22	23	24	25	26	27	28	29	30
②	④	②	①	④	②	②	②	④	②	②	④	①	④	②	④	②	②	③	③
31	32	33	34	35	36	37	38	39	40	41	42	43	44	45	46	47	48	49	50
④	②	②	①	③	①	②	④	②	②	②	②	①	②	③	②	②	②	③	②

01 빈출 ▶ ④

빅데이터의 4대 특징은 주로 크기(Volume), 속도(Velocity), 다양성(Variety), 진실성/정확성(Veracity) 또는 때로는 가치(Value)를 포함하여 설명된다. 그러나 가치(Value)는 데이터의 속성이라기보다는 데이터를 활용하여 얻는 결과에 가깝다. 4대 특징으로 언급될 때는 주로 진실성/정확성(Veracity)이 사용된다.

02 ▶ ④

정보(Information)는 수집된 데이터에 의미를 부여하거나 가공/처리하여 특정 목적에 부합하도록 조직화한 결과물이다.

03 빈출 ▶ ③

XML(eXtensible Markup Language)이나 JSON(JavaScript Object Notation)은 데이터와 구조(태그 또는 키)가 함께 존재하여 구조화 정도가 유연하게 변할 수 있는 대표적인 반정형 데이터이다.

04 ▶ ①

공통화(Socialization)는 개인 간의 경험 공유를 통해 암묵지(Tacit Knowledge)가 다른 암묵지(Tacit Knowledge)로 전달되는 단계이다.

05 ▶ ③

소프트 스킬(Soft Skill)은 분석 결과의 해석, 비즈니스 문제 정의, 협업 및 커뮤니케이션 등 사람 및 비즈니스 관련 역량을 포함한다.

06 ▶ ①

정확성(Accuracy)은 데이터 값이 실제 값과 일치하는 정도를 의미하며, 데이터가 유효한지(Valid), 정확한지(Correct)를 포함한다.

07 ▶ ②

책임 원칙 훼손은 복잡한 알고리즘의 결과에 대해 최종적인 의사결정 주체나 개발자가 책임을 회피하거나, 알고리즘 자체가 가진 오류를 추적하기 어려워지는 현상을 의미한다.

08 ▶ ④

비율척도(Ratio Scale)는 절대 영점이 존재하여 곱셈, 나눗셈 등 모든 사칙연산이 가능한 척도이다.

09 ▶ ③

데이터 웨어하우스(Data Warehouse)는 전사적인 관점에서 데이터를 통합하고 보존하여 경영진의 의사결정을 지원하는 목적으로 구축된다.

10 ▶ ③

NoSQL(Not only SQL)은 관계형 데이터베이스의 한계를 극복하고 대규모 분산 환경 및 다양한 형태의 데이터 처리에 초점을 맞춘 데이터 저장 기술이다.

11 ▶ ②

CRISP-DM(Cross Industry Standard Process for Data Mining)은 데이터 마이닝 프로젝트의 표준 프로세스를 제공하는 6단계 모델이다.

12 ⭐빈출 ▶ ④

타당성 검토는 주로 경제적, 기술적, 데이터 타당성 관점에서 이루어지며, 운영적 타당성은 타당성 검토의 일반적인 3요소에 포함되지 않는다.

13 ▶ ②

Discovery(발견)은 분석 대상과 방법 모두 미흡한 상태이므로, 새로운 시각으로 문제 자체를 정의하고 분석 방법을 모색해야 한다.

14 ▶ ①

도입형은 분석에 대한 관심은 높으나, 체계가 미흡하여 분석 문화의 확산 및 정착이 필요한 단계이다.

15 ▶ ④

분석 결과의 비즈니스 영향도는 과제의 가치(Value)를 판단하는 주요 요소이다. 난이도는 기술적·데이터적·인력적 측면의 어려움을 평가한다.

16 ⭐빈출 ▶ ②

조직은 데이터 관리를 위한 인력 구조, 역할, 책임 및 의사결정 체계를 의미한다.

17 ▶ ②

기술적 위험은 분석 모형의 성능 부족, 복잡한 신규 기술 도입, 분석 목표의 불명확성 등 분석 방법론과 관련된 위험을 포함한다.

18 ▶ ②

폭포수 모델은 원칙적으로 순차적이나, 문제 발생 시 피드백 과정을 통해 이전 단계로 돌아갈 수 있는 경우가 있다. 하지만 전반적으로 유연성이 낮다는 단점을 가진다.

19 ▶ ④

장기적인 비즈니스 목표 설정은 전략 수립의 방향을 결정하는 요소이며, 현재 수준의 분석 역량을 진단하는 요소(사람, 기술, 인프라)는 아니다.

20 ▶ ②

데이터 표준화는 데이터의 명칭, 정의, 형식, 규칙 등을 통일하여 데이터의 일관성과 상호 운용성을 확보하는 핵심 거버넌스 활동이다.

21 🏅빈출 ▶ ②

추론 통계(Inferential Statistics)는 표본 정보를 바탕으로 모집단의 특성(모수)에 대해 추정하거나 가설을 검정하는 방법이다.

22 ▶ ④

층화 추출(Stratified Sampling)은 모집단을 상호 배타적인 여러 개의 층(Stratum)으로 나누어 각 층에서 필요한 수만큼 표본을 추출하는 방법으로, 모집단의 특성을 잘 반영할 수 있다.

23 ▶ ①

1종 오류(α 오류)는 귀무가설이 사실(참)임에도 불구하고 이를 기각하는 오류이다. 일반적으로 이 오류를 저지를 확률의 최대값을 유의수준(α)으로 설정한다.

24 ▶ ④

첨도가 양수이면 꼬리가 얇고 중심이 뾰족하고(Leptokurtic, 정규분포보다), 음수이면 꼬리가 두껍고 중심이 평평하다(Platykurtic).

25 ▶ ②

신뢰 구간 추정(Confidence Interval Estimation)은 미지의 모수가 포함될 확률(신뢰 수준)과 함께 구간을 제시한다.

26 ▶ ④

카이제곱 검정(x^2-test)은 명목형 자료인 두 범주형 변수가 서로 독립적인지(연관성이 없는지)를 검정한다.

27 ▶ ②

결정 계수(R^2)는 0과 1 사이의 값으로, 회귀 모형의 설명력을 나타낸다.

28 ▶ ②

로지스틱 회귀분석(Logistic Regression)은 범주형 종속변수의 성공 확률을 예측하기 위해 사용하며, 선형 모형의 결과를 로짓(Logit) 함수를 통해 0과 1 사이의 확률값으로 변환하여 예측한다.

29 ▶ ③

다중공선성(Multicollinearity)은 독립변수들 간의 상관관계로 인해 회귀계수 추정의 안정성이 저해되는 현상이다. VIF(분산 팽창 요인)로 진단할 수 있다.

30 ▶ ③

의사결정나무(Decision Tree)는 데이터를 불순도가 낮아지는 방향으로 순차적으로 분할하여 분류 규칙을 생성한다.

31 ▶ ④

나이브 베이즈(Naive Bayes) 분류기는 특성 독립성 가정 때문에 계산 속도가 빠르고 선형적 또는 단순한 비선형적 결정 경계를 가진다.

32 ▶ ②

배깅(Bagging, Bootstrap Aggregating)은 복원 추출을 통해 여러 모델을 독립적으로 학습시켜 분산을 감소시키는 기법이다. 랜덤 포레스트가 대표적이다.

33 ▶ ②

부스팅(Boosting)은 이전 모델이 틀린 부분을 보완하도록 다음 모델을 순차적으로 학습시켜 편향을 감소시키는 기법이다.

34 빈출 ▶ ①

K-평균 군집(K-Means Clustering)은 가장 널리 사용되는 분할적 군집 방법이다.

35 ▶ ③

계층적 군집(Hierarchical Clustering)은 군집 간의 유사도(거리)를 기준으로 병합(상향식) 또는 분할(하향식)하여 계층적 구조를 만드는 방법이다.

36 ▶ ①

지지도(Support)는 $P(A \cap B)$로 계산되며, 연관 규칙이 전체 데이터에서 얼마나 자주 발생하는지를 나타낸다.

$$P(A \cap B) = \frac{A와 \ B가 \ 동시에 \ 포함된 \ 거래 \ 수}{전체 \ 거래 \ 수}$$

37 ▶ ②

신뢰도(Confidence)는 $P(B|A)$로 계산되며, A가 주어졌을 때 B가 발생할 조건부 확률을 의미한다.

$$\frac{P(A \cap B)}{P(A)} = \frac{A와 \ B가 \ 동시에 \ 포함된 \ 거래 \ 수}{A가 \ 포함된 \ 거래 \ 수}$$

38 ▶ ④

정상성(Stationarity)은 시계열 분석의 기본적인 가정으로, 시점에 관계없이 평균과 분산이 일정하고 공분산이 시차(Lag)에만 의존하는 성질이다.

39 ▶ ②

차분(Differencing)은 시계열의 추세(Trend)를 제거하여 비정상 시계열을 정상 시계열로 만드는 대표적인 방법이다.

40 ✈빈출 ▶ ②

재현율(Recall)은 TP / TP + FN로 계산되며, 실제 양성 클래스를 얼마나 잘 예측했는지를 나타낸다.

- 정밀도 $= \dfrac{TP}{TP + FP}$
- 재현율 $= \dfrac{TP}{TP + FN}$
- 특이도 $= \dfrac{TN}{FP + TN}$
- 정확도 $= \dfrac{TP + TN}{TP + FN + FP + TN}$

41 ▶ ②

ROC 커브(Receiver Operating Characteristic Curve)는 임계값에 관계없이 모형의 전반적인 분류 성능을 평가하는 데 사용된다. 곡선 아래 면적(AUC)이 클수록 성능이 좋다.

42 ▶ ②

과대적합(Overfitting)은 모형이 너무 복잡하여 훈련 데이터의 잡음까지 학습한 결과, 일반화 성능이 저하되는 현상이다.

43 ▶ ①

편향(Bias)은 모형이 너무 단순하거나 잘못 설정되어 데이터의 복잡한 패턴을 포착하지 못할 때 발생하는 체계적인 오차이다.

44 ▶ ②

t-분포(t-distribution)는 모집단 분산을 모르고 표본 크기가 작은 경우 정규 분포 대신 사용되며, 자유도($n-1$)에 따라 형태가 변한다.

45 ▶ ③

사분위수(Quartile)는 데이터를 크기 순으로 배열했을 때 25%, 50%(중앙값), 75% 지점에 해당하는 값을 의미한다.

46 ▶ ②

엘보우 기법(Elbow Method)은 K의 증가에 따른 WSS 변화 그래프에서 팔꿈치 모양으로 꺾이는 지점을 최적의 군집 개수로 선택한다.

47 ▶ ②

ARIMA 모형에서 p는 자기회귀(AR) 모형의 차수(Lag)를 의미하며, 이는 p 시점 전의 값이 현재 시점의 값에 영향을 미치는 정도를 나타낸다.

48 ▶ ②

이상값(Outlier)은 데이터셋의 다른 값들과 크게 동떨어져 있어 분석 결과의 왜곡을 초래할 수 있다.

49 ▶ ③

특이도(Specificity)는 TN / FP + TN으로 계산되며, 실제 음성 클래스를 얼마나 잘 예측했는지를 나타낸다.

- 정밀도 $= \dfrac{TP}{TP + FP}$
- 재현율 $= \dfrac{TP}{TP + FN}$
- 특이도 $= \dfrac{TN}{FP + TN}$
- 정확도 $= \dfrac{TP + TN}{TP + FN + FP + TN}$

50 ▶ ②

상관계수(Correlation Coefficient)는 두 변수 간의 선형적인 관계 정도를 표준화된 값으로 나타낸다.

파이널 실전모의고사 2회		01	02	03	04	05	06	07	08	09	10
		③	④	③	③	④	②	④	②	③	③

11	12	13	14	15	16	17	18	19	20	21	22	23	24	25	26	27	28	29	30
①	④	③	②	②	③	②	③	③	③	②	②	②	②	④	②	①	①	②	③

31	32	33	34	35	36	37	38	39	40	41	42	43	44	45	46	47	48	49	50
②	④	②	①	②	③	②	③	①	③	①	②	③	②	③	①	②	②	③	②

01 ▶ ③

비즈니스 가치는 데이터가 비즈니스 모델이나 의사결정 과정에 얼마나 큰 영향력과 효용을 주는지에 대한 가치를 의미한다.

02 ▶ ④

Variety(다양성)는 데이터 형태의 다양성을 의미하며, 정형 · 반정형 · 비정형 데이터를 모두 포괄한다.

03 ▶ ③

범주화(Categorization)는 특정 값을 대표하는 범주 값으로 대체하는 기법이다.

04 ▶ ③

메타데이터(Metadata)는 '데이터에 대한 데이터'로, 데이터의 생성, 내용, 관리 등에 대한 정보를 담고 있다.

05 빈출 ▶ ④

지혜(Wisdom)는 지식을 응용하여 본질을 이해하고 최적의 가치 판단을 할 수 있는 최고 수준의 단계이다.

06 ▶ ②

OLTP(Online Transaction Processing)는 데이터 입력, 수정, 삭제 등 실시간으로 발생하는 온라인 거래 처리에 최적화된 시스템이다.

07 ▶ ④

고객 인터뷰 기록은 문자, 그림 등 비수량적인 형태로 표현되는 정성적 데이터(Qualitative Data)이다.

08 ▶ ②

순서척도(Ordinal Scale)는 순서 관계만 부여할 수 있다.

09 빈출 ▶ ③

데이터 거버넌스는 전사적 차원에서 데이터의 관리와 통제에 대한 모든 요소를 포괄하는 개념이다.

10 ▶ ③

데이터는 데이터 표준, 품질, 메타데이터 등 데이터 자체의 관리 정책 및 활동을 의미한다.

11 ▶ ①

포트폴리오 관리(Portfolio Management)는 분석 과제들을 가치와 난이도 관점에서 분류하여 우선순위를 시각화하고 관리하는 방법이다.

12 ▶ ④

최적화형은 분석 성숙도가 가장 높은 단계로, 전사적인 분석 문화가 정착된 상태이다.

13 ▶ ③

나선형 모델은 반복적인 프로세스로 진행되어 순차적인 폭포수 모델의 특징과 반대된다.

14 ✈빈출 ▶ ②

데이터 준비(Data Preparation) 단계에서는 실제 분석 모형에 투입하기 위해 데이터를 정제하고 가공하는 작업이 대부분을 차지한다.

15 ▶ ②

하향식 접근법(Top Down Approach)은 비즈니스 목표(Top)에서 출발하여 분석 과제를 구체화(Down)하는 방식이다.

16 ▶ ③

Solution(솔루션) 유형은 대상과 방법 모두 명확하여 최적의 해답을 도출하는 데 초점을 맞춘다.

17 ▶ ②

분석 마스터 플랜 수립 후 순차적 실행은 인프라 구축 후 분석 과제를 단계적으로 수행하여 위험을 관리하고 성공 경험을 축적하는 일반적인 접근 방식이다.

18 ▶ ③

프로세스(체계)는 데이터 관리 및 운영과 관련된 정책, 절차, 지침 등의 업무 체계를 의미한다.

19 ▶ ③

분석 결과의 정확성 요구 수준은 모형의 복잡도와 연관되어 난이도에 영향을 줄 수 있지만, 직접적으로는 분석 결과의 가치(Value)와 관련된 요소로 해석될 여지가 크다.

20 ✈빈출 ▶ ③

전략적 중요도는 분석 과제가 기업의 미션, 비전, 전략 목표 달성에 얼마나 직접적이고 큰 영향을 미치는지를 평가하는 요소이다.

21 ▶ ②

비모수적 통계는 모집단 분포에 대한 가정을 하지 않으며, 명목 척도나 순서 척도 자료 분석에 주로 사용된다.

22 ▶ ②

분산은 확률변수가 기댓값(평균)으로부터 얼마나 흩어져 있는지를 나타내며, 편차 제곱의 기댓값으로 정의된다.

23　▶ ②

2종 오류(β 오류)는 귀무가설이 거짓일 때(대립가설이 참일 때) 이를 기각하지 못하는 오류이다.

24　▶ ②

등분산성은 잔차의 분산이 독립변수의 값에 따라 변하지 않고 일정한 것을 가정한다. 이 가정이 위배되는 것을 이분산성(Heteroscedasticity)이라고 한다.

25　▶ ④

F-분포(F-distribution)는 주로 분산의 비율을 검정하는 데 사용되며, 특히 분산 분석(ANOVA)의 기본 분포로 사용된다.

26　▶ ②

중심 극한 정리(Central Limit Theorem)는 표본 크기가 증가함에 따라 표본 평균의 분포가 모집단의 분포 형태와 관계없이 정규분포에 근접하게 된다는 통계학의 핵심 정리이다.

27　▶ ①

전진 선택법(Forward Selection)은 모형에 기여하는 변수를 순차적으로 추가하는 상향식(Bottom-up) 방식이다.

28　▶ ①

로지스틱 회귀분석은 Log(Odds)=$\beta_0+\beta_1 x_1+\cdots$의 형태로, 독립변수 X와 로그 오즈(Log Odds, 로짓) 간에 선형관계를 가정하므로 계수는 오즈의 변화로 해석된다.

29　▶ ②

자기상관(Autocorrelation)은 시계열 자료에서 주로 발생하며, 연속된 시점의 오차항들 간에 상관관계가 존재하는 현상이다. Durbin-Watson 통계량으로 진단한다.

30　▶ ③

커널 함수(Kernel Function)는 실제 고차원 공간으로 매핑하지 않고도 두 데이터 포인트의 고차원 특징 공간에서의 내적 값을 효율적으로 계산하여 SVM의 비선형 분류를 가능하게 한다.

31 빈출　▶ ②

활성화 함수(Activation Function)는 신경망이 선형 모형의 집합이 되는 것을 방지하여 비선형적인 문제를 학습할 수 있게 한다.

32　▶ ④

정밀도(Precision)는 TP / TP + FP로 계산되며, 모형이 '양성'이라고 예측한 것 중 실제 '양성'의 비율이다.

33　▶ ②

랜덤 포레스트(Random Forest)는 배깅의 일종으로, 무작위 변수 선택을 추가하여 각 나무의 분산을 크게 감소시키고 과대적합을 완화한다.

34
▶ ①

실루엣 계수(Silhouette Coefficient)는 군집이 서로 얼마나 잘 분리되어 있는지를 수치화한다.

35
▶ ②

K-메도이드 군집(K-Medoids Clustering, PAM)은 평균 대신 실제 존재하는 관측치를 군집 중심으로 사용하여 이상값의 영향을 줄인다.

36
▶ ③

향상도(Lift)는 신뢰도(A → B) / 지지도(B)로 계산되며, A와 B가 독립일 때 1이 된다.

37
▶ ②

Apriori 알고리즘은 연관 분석의 핵심 알고리즘으로, 반-단조(Anti-monotonic) 성질을 활용하여 탐색 공간을 줄인다.

38 ✈빈출
▶ ③

ARIMA 모형은 비정상 시계열에 차분(D)을 적용하여 정상 시계열($ARIMA(p, d, q)$의 d)로 만든 후 ARMA 모형을 적용하는 방식이다.

39
▶ ①

이상값을 모두 삭제하는 것은 데이터 손실로 이어져 정보 왜곡을 초래할 수 있으므로, 최후의 수단으로 간주되며 가장 적절한 방법은 아니다.

40
▶ ③

RMSE(Root Mean Squared Error)는 오차의 크기를 원래 데이터와 동일한 단위로 표현하여 해석이 용이하다.

41
▶ ①

AUC는 모형의 성능을 하나의 숫자로 요약하여 제공하며, 0.5부터 1.0 사이의 값을 가진다.

42
▶ ②

분산(Variance)은 모형이 훈련 데이터의 사소한 변동에 민감하게 반응하여 일반화 성능이 저하될 때 발생하는 오차이다.

43
▶ ③

마할라노비스 거리(Mahalanobis Distance)는 변수 간의 상관관계를 고려하여 군집이나 이상값 탐지에 유용하다.

44
▶ ②

분산분석(ANOVA)은 여러 집단의 평균 차이를 검정하는 데 사용된다.

45 ✈빈출
▶ ③

피어슨 상관계수는 등간척도 이상의 연속형 데이터에서 선형 관계를 측정하는 데 사용된다.

46 ▶ ①

지니 지수는 $1-\sum p_i^2$ (클래스 i에 속할 확률의 제곱 합계를 1에서 뺀 값)으로 계산되며, 데이터가 무작위로 선택되었을 때 잘못 분류될 확률을 의미한다.

47 ▶ ②

t-검정은 모분산을 모르거나 표본 크기가 작은 경우(대략 30 미만)에 모평균에 대한 추론을 수행할 때 사용된다.

48 ▶ ②

손실 함수(Loss Function) 또는 비용 함수는 모형이 얼마나 잘못 예측했는지를 측정하는 함수이며, 이 값을 최소화하는 방향으로 모형이 학습된다.

49 ▶ ③

SARIMA(Seasonal ARIMA) 모형은 일반 차분뿐만 아니라 계절 차분(D)을 추가하여 계절성이 있는 비정상 시계열을 분석한다.

50 ▶ ②

라쏘(Lasso)와 릿지(Ridge) 회귀는 회귀계수의 크기에 페널티를 부여하여 과대적합을 완화하는 대표적인 규제화 기법이다.

## PART 04

최빈출 실전 50제

CHAPTER 01 | 최빈출 실전 50제

빈출 01 #DIKW 피라미드

다음 중 DIKW 피라미드의 계층적 구성 요소로 옳지 않은 것은?

① 데이터(Data)
② 정보(Information)
③ 지식(Knowledge)
④ 인공지능(Artificial Intelligence)

DIKW 피라미드는 Data(데이터) → Information(정보) → Knowledge(지식) → Wisdom(지혜)의 4단계로 구성된다.

빈출 03 #SECI 모델

암묵지와 형식지의 상호작용 과정을 올바르게 나열한 것은?

① 공통화 → 표출화 → 연결화 → 내면화
② 표출화 → 공통화 → 내면화 → 연결화
③ 내면화 → 연결화 → 공통화 → 표출화
④ 연결화 → 내면화 → 표출화 → 공통화

암묵지와 형식지의 상호작용은 공통화(Socialization) → 표출화(Externalization) → 연결화(Combination) → 내면화(Internalization) 순서로 진행된다.

빈출 02 #빅데이터 #3V

빅데이터의 특징을 나타내는 3V에 해당하지 않는 것은?

① Volume(크기)
② Variety(다양성)
③ Velocity(속도)
④ Vision(비전)

빅데이터의 3V는 Volume(크기), Variety(다양성), Velocity(속도)이다.

빈출 04 #DBMS

데이터베이스 관리 시스템(DBMS)에 대한 설명으로 가장 적절하지 않은 것은?

① 데이터의 중복을 최소화한다.
② 데이터의 일관성을 유지한다.
③ 데이터의 독립성을 보장한다.
④ 데이터의 표본조사를 자동으로 수행한다.

데이터베이스 관리 시스템(DBMS)는 데이터의 중복 최소화, 일관성 유지, 독립성 보장 기능을 제공하지만, 표본조사는 분석가가 수행하는 작업이다.

빅데이터 위기 요인과 통제 방안이 올바르게 연결된 것은?

① 사생활 침해 → 비식별화 및 동의 기반 처리 강화
② 책임 원칙 훼손 → 데이터 수집 금지
③ 데이터 오용 → 빅데이터 분석 중단
④ 개인정보 유출 → 분석 범위 확대

사생활 침해 위험은 개인정보의 과도한 수집·식별 가능성에서 발생하므로, 비식별화 조치와 정보 주체의 동의를 기반으로 한 처리 강화가 적절한 통제 방안이다.

데이터 사이언티스트의 소프트 스킬(Soft Skill)에 해당하는 것은?

① 프로그래밍 능력
② 통계 분석 기법
③ 스토리텔링 능력
④ 데이터베이스 관리

소프트 스킬에는 스토리텔링, 커뮤니케이션, 시각화 능력 등이 포함된다. 프로그래밍 능력, 통계 분석 기법, 데이터베이스 관리 등은 하드 스킬에 해당한다.

다음 중 정형 데이터에 해당하는 것은?

① SNS 텍스트
② 관계형 데이터베이스의 테이블
③ 이메일 내용
④ 동영상 파일

관계형 데이터베이스의 테이블은 정형 데이터이고, SNS 텍스트, 이메일, 동영상은 비정형 데이터이다.

기업 내부 데이터베이스 솔루션으로 고객 관계 관리를 위한 시스템은?

① ERP
② CRM
③ SCM
④ KMS

• CRM(Customer Relationship Management)은 고객 관계 관리 시스템이다.
• ERP는 전사적 자원관리, SCM은 공급망 관리, KMS는 지식 관리 시스템이다.

빅데이터 분석 기법 중 "커피를 구매하는 사람이 탄산음료를 더 많이 사는가?"를 분석하는 기법은?

① 회귀분석
② 유전 알고리즘
③ 연관규칙 학습
④ 유형분석

장바구니 분석과 같이 품목 간 연관성을 분석하는 것은 연관규칙 학습이다.

데이터 비식별화 기법으로 옳지 않은 것은?

① 가명처리
② 총계처리
③ 범주화
④ 데이터 증폭

데이터 비식별화 기법에는 가명처리, 총계처리, 범주화, 데이터 마스킹 등이 있다. 데이터 증폭은 비식별화 기법이 아니다.

분석 과제 발굴 방법 중 하향식 접근법의 단계를 올바르게 나열한 것은?

① 문제 탐색 → 문제 정의 → 해결방안 탐색 → 타당성 검토
② 문제 정의 → 문제 탐색 → 타당성 검토 → 해결방안 탐색
③ 타당성 검토 → 문제 탐색 → 문제 정의 → 해결방안 탐색
④ 해결방안 탐색 → 문제 정의 → 문제 탐색 → 타당성 검토

하향식 접근법의 단계
문제 탐색 → 문제 정의 → 해결방안 탐색 → 타당성 검토

빅데이터 분석 방법론에서 분석 기획(Planning) 단계의 Task 순서로 옳은 것은?

① 비즈니스 이해 및 범위설정 → 프로젝트 정의 및 계획 수립 → 프로젝트 위험계획 수립
② 프로젝트 정의 및 계획 수립 → 비즈니스 이해 및 범위설정 → 프로젝트 위험계획 수립
③ 프로젝트 위험계획 수립 → 비즈니스 이해 및 범위설정 → 프로젝트 정의 및 계획 수립
④ 비즈니스 이해 및 범위설정 → 프로젝트 위험계획 수립 → 프로젝트 정의 및 계획 수립

분석 기획 단계
비즈니스 이해 및 범위설정 → 프로젝트 정의 및 계획 수립 → 프로젝트 위험계획 수립

분석 조직 구조 중 전사 분석 업무를 별도의 독립적인 분석 전담 조직에서 담당하는 구조는?

① 집중형 구조
② 기능형 구조
③ 분산형 구조
④ 혼합형 구조

집중형 구조는 독립적인 분석 전담 조직이 전사 분석 업무를 담당한다.

CRISP-DM 방법론의 6단계를 순서대로 나열한 것은?

① 업무 이해 → 데이터 이해 → 데이터 준비 → 모델링 → 평가 → 전개
② 데이터 이해 → 업무 이해 → 모델링 → 데이터 준비 → 평가 → 전개
③ 업무 이해 → 데이터 준비 → 데이터 이해 → 모델링 → 전개 → 평가
④ 데이터 준비 → 업무 이해 → 데이터 이해 → 모델링 → 평가 → 전개

CRISP-DM 방법론의 6단계
업무 이해 → 데이터 이해 → 데이터 준비 → 모델링 → 평가 → 전개

분석 과제 우선순위 결정 시 고려해야 할 두 가지 주요 기준은?

① 시급성과 난이도
② 비용과 시간
③ 인력과 기술
④ 데이터와 시스템

분석 과제 우선순위는 시급성(전략적 중요도)과 난이도(기술적 난이도)를 고려하여 결정한다.

분석 주제 유형 중 분석 대상은 명확하지만 분석 방법을 모르는 경우는?

① Optimization
② Insight
③ Solution
④ Discovery

분석 대상은 알지만 방법을 모르는 경우는 Solution(솔루션) 유형에 해당한다.

데이터 거버넌스 체계 요소 중 데이터 표준 용어 설정, 명명규칙 수립, 메타데이터 구축 등을 포함하는 것은?

① 데이터 표준화
② 데이터 관리체계
③ 데이터 저장소 관리
④ 표준화 활동

데이터 표준화는 표준 용어 설정, 명명규칙 수립, 메타데이터 구축 등을 포함한다.

빅데이터 거버넌스에 대한 설명으로 가장 적절하지 않은 것은?

① ERD는 운영 중인 데이터베이스와 일치하도록 변경관리가 필요하다.
② 빅데이터 분석은 전사 차원의 모든 데이터를 반드시 활용해야 한다.
③ 데이터 유형별로 구분하여 거버넌스를 작성한다.
④ 데이터 생명주기 관리와 품질관리 모두 중요하다.

빅데이터 분석은 전사 데이터를 모두 활용하는 것보다 목적에 맞는 데이터를 선택하는 것이 중요하다.

분석 과제 우선순위에서 시급성이 '현재'이고 난이도가 'Easy'인 영역은?

① 1사분면
② 2사분면
③ 3사분면
④ 4사분면

시급성은 현재이고 난이도는 Easy인 영역은 3사분면으로, 가장 우선순위가 높은 과제이다.

프로토타이핑 접근법에 대한 설명으로 가장 적절한 것은?

① 하향식 접근 방법이다.
② 빠른 결과보다 정확성에 중점을 둔다.
③ 반복적인 개선을 통해 문제를 해결한다.
④ 전체 계획을 수립한 후 개발한다.

프로토타이핑 접근법은 상향식 접근법으로 반복적인 개선을 통해 문제를 해결한다.

회귀분석에서 변수 선택 방법으로 옳지 않은 것은?

① 전진 선택법
② 후진 제거법
③ 단계적 선택법
④ 군집화 방법

회귀분석의 변수 선택 방법에는 전진 선택법, 후진 제거법, 단계적 선택법이 있다. 군집화 방법은 변수 선택 방법이 아니다.

주성분 분석(PCA)에 대한 설명으로 가장 적절하지 않은 것은?

① 차원 축소 기법이다.
② 변수들 간 상관관계를 고려한다.
③ 첫 번째 주성분이 분산을 가장 작게 설명한다.
④ 주성분들은 서로 독립적이다.

첫 번째 주성분이 분산을 가장 크게 설명한다.

K–평균 군집분석의 수행 순서를 올바르게 나열한 것은?

① 초기 군집 중심 선택 → 자료 할당 → 군집 중심 갱신 → 반복
② 자료 할당 → 초기 군집 중심 선택 → 군집 중심 갱신 → 반복
③ 군집 중심 갱신 → 초기 군집 중심 선택 → 자료 할당 → 반복
④ 반복 → 초기 군집 중심 선택 → 자료 할당 → 군집 중심 갱신

K-평균 군집분석의 수행 순서
초기 군집 중심 선택 → 각 자료를 가장 가까운 군집에 할당 → 군집 중심 갱신 → 수렴할 때까지 반복

오분류표에서 정확도(Accuracy)를 계산하는 공식은?

① (TP + TN) / (TP + FP + TN + FN)
② TP / (TP + FP)
③ TP / (TP + FN)
④ TN / (TN + FP)

$$정확도 = \frac{(TP + TN)}{전체\ 관측치(TP + FP + TN + FN)}$$

연관규칙 분석에서 지지도(Support)가 의미하는 것은?

① 전체 거래 중 A와 B가 동시에 포함된 거래의 비율
② A를 포함한 거래 중 B도 포함하는 거래의 비율
③ A와 B의 독립성 정도
④ A와 B의 상관관계 강도

지지도(Support)는 전체 거래 중 A와 B가 동시에 포함된 거래의 비율을 의미한다.

로지스틱 회귀분석에 대한 설명으로 가장 적절한 것은?

① 종속변수가 연속형일 때 사용한다.
② 종속변수가 이항형일 때 사용한다.
③ 독립변수가 범주형이어야 한다.
④ 정규분포를 가정한다.

로지스틱 회귀분석은 종속변수가 이항형(범주형)일 때 사용한다.

의사결정나무에서 지니 지수가 0에 가까울수록 의미하는 것은?

① 불순도가 높다.
② 순수도가 높다.
③ 분류 성능이 낮다.
④ 과적합이 발생한다.

지니 지수가 0에 가까울수록 순수도가 높고 불순도가 낮다.

시계열 분석에서 비정상 시계열을 정상 시계열로 변환하는 방법은?

① 차분(Differencing)
② 표준화(Standardization)
③ 정규화(Normalization)
④ 이산화(Discretization)

차분(Differencing)은 비정상 시계열을 정상 시계열로 변환하는 방법이다.

빈출 29 #앙상블 기법

앙상블 기법 중 부트스트랩 샘플링을 사용하는 방법은?

① 배깅(Bagging)
② 스태킹(Stacking)
③ 보팅(Voting)
④ 블렌딩(Blending)

배깅(Bagging)은 부트스트랩 샘플링을 사용하는 앙상블 기법이다.

빈출 30 #인공신경망 #과적합 방지

인공신경망에서 과적합을 방지하는 방법이 아닌 것은?

① 드롭아웃(Dropout)
② 조기종료(Early Stopping)
③ 정규화(Regularization)
④ 은닉층(Hidden Layer) 증가

은닉층을 증가시키면 오히려 과적합이 발생할 수 있다.

빈출 31 #상관계수

상관계수에 대한 설명으로 가장 적절하지 않은 것은?

① -1에서 1 사이의 값을 가진다.
② 피어슨 상관계수는 선형 관계를 측정한다.
③ 스피어만 상관계수는 비선형 관계도 측정할 수 있다.
④ 상관계수가 0이면 두 변수는 완전히 무관하다.

상관계수가 0이라는 것은 선형 관계가 없다는 의미이지, 완전히 무관하다는 의미는 아니다.

빈출 32 #비모수 검정 방법

다음 중 비모수 검정 방법은?

① t-검정
② ANOVA
③ 부호검정
④ F-검정

부호검정은 비모수 검정 방법이고 t-검정, ANOVA, F-검정은 모수 검정 방법이다.

가설검정에서 제1종 오류에 대한 설명으로 가장 적절한 것은?

① 귀무가설이 참인데 기각하는 오류
② 귀무가설이 거짓인데 채택하는 오류
③ 대립가설이 참인데 기각하는 오류
④ 대립가설이 거짓인데 채택하는 오류

제1종 오류는 귀무가설이 참인데 기각하는 오류이다.

교차검증(Cross Validation) 방법으로 옳지 않은 것은?

① K-Fold
② 홀드아웃(Hold-out)
③ LOOCV
④ 주성분 분석

주성분 분석은 차원 축소 기법이지 교차검증 방법이 아니다.

R에서 데이터 프레임의 특징으로 옳은 것은?

① 모든 열이 같은 데이터 타입이어야 한다.
② 각 열이 서로 다른 데이터 타입을 가질 수 있다.
③ 행과 열의 개수가 같아야 한다.
④ 숫자형 데이터만 저장할 수 있다.

데이터 프레임은 각 열이 서로 다른 데이터 타입을 가질 수 있다.

SOM(자기조직화지도)에 대한 설명으로 가장 적절한 것은?

① 지도학습 알고리즘이다.
② 차원축소와 군집화를 동시에 수행한다.
③ 역전파 알고리즘을 사용한다.
④ 목표변수가 필요하다.

SOM(자기조직화지도)은 비지도학습으로 차원축소와 군집화를 동시에 수행한다.

빈출 37 #계층적 군집분석 #와드 연결법

계층적 군집분석에서 와드 연결법의 특징으로 가장 적절한 것은?

① 군집 간 최단거리를 사용한다.
② 군집 간 최장거리를 사용한다.
③ 오차 제곱합을 최소화한다.
④ 평균 거리를 사용한다.

와드 연결법은 군집 내 오차 제곱합을 최소화하는 방법이다.

빈출 39 #랜덤 포레스트

랜덤 포레스트에 대한 설명으로 가장 적절하지 않은 것은?

① 의사결정나무를 여러 개 사용한다.
② 배깅 기법을 사용한다.
③ 변수 선택 시 전체 변수를 모두 고려한다.
④ 과적합을 줄이는 효과가 있다.

랜덤 포레스트는 변수 선택 시 일부 변수만을 무작위로 선택한다.

빈출 38 #시계열 분해 요인

시계열 분해 요인으로 옳지 않은 것은?

① 추세요인
② 계절요인
③ 순환요인
④ 상관요인

시계열 분해 요인으로 추세, 계절, 순환, 불규칙 요인이 있다.

빈출 40 #이상값

이상값(Outlier) 판별 방법으로 옳은 것은?

① Q3 + 1.5 × IQR보다 큰 값
② Q1 + 1.5 × IQR보다 작은 값
③ 평균 + 1 × 표준편차를 벗어난 값
④ 중앙값을 벗어난 모든 값

Q3 + 1.5 × IQR보다 큰 값 또는 Q1 − 1.5 × IQR보다 작은 값을 이상값으로 판별한다.

다중공선성(Multicollinearity) 문제를 해결하는 방법으로 옳지 않은 것은?

① 변수 제거
② 주성분 분석
③ 릿지 회귀
④ 표본 크기 축소

표본 크기 축소는 다중공선성 문제의 해결 방법이 아니다.

연관규칙에서 향상도(Lift)가 1보다 크다는 의미는?

① 두 품목이 독립적이다.
② 두 품목이 양의 상관관계가 있다.
③ 두 품목이 음의 상관관계가 있다.
④ 규칙이 유용하지 않다.

연관규칙에서 향상도가 1보다 크면 두 품목 간 양의 상관관계가 있음을 의미한다.

ROC 곡선에서 이상적인 위치는?

① 왼쪽 하단
② 왼쪽 상단
③ 오른쪽 상단
④ 오른쪽 하단

ROC 곡선에서 이상적인 위치는 왼쪽 상단(FPR=0, TPR=1)이다.

정규성 검정 방법으로 옳지 않은 것은?

① Shapiro-Wilk Test
② Q-Q Plot
③ Histogram
④ Chi-square Test for Independence

Chi-square Test for Independence는 독립성 검정으로 정규성 검정 방법이 아니다. Shapiro-Wilk Test, Q-Q Plot, Histogram은 정규성 검정에 사용된다.

딥러닝에서 기울기 소실(Gradient Vanishing) 문제가 발생하는 경우로 가장 적절한 것은?

① 은닉층이 너무 적을 때
② 은닉층이 너무 많을 때
③ 학습률이 너무 클 때
④ 배치 크기가 너무 클 때

은닉층이 너무 많을 때 역전파 과정에서 기울기가 소실되는 문제가 발생한다.

베이지안 추론을 활용한 대표적인 머신러닝 알고리즘은?

① 나이브 베이즈
② K-평균 군집
③ 주성분 분석
④ 선형 회귀

나이브 베이즈 분류는 베이지안 추론을 활용한 대표적인 머신러닝 알고리즘이다.

클러스터링 평가 지표인 실루엣 계수의 값이 1에 가까울 때의 의미는?

① 군집화가 잘 되지 않았다.
② 군집화가 잘 되었다.
③ 군집 개수가 부적절하다.
④ 이상값이 많다.

실루엣 계수가 1에 가까울수록 군집화가 잘 되었음을 의미한다.

시그모이드 함수의 출력 범위는?

① -1 ~ 1
② 0 ~ 1
③ $-\infty \sim \infty$
④ $0 \sim \infty$

시그모이드 함수의 출력 범위는 0에서 1 사이이다.

#혼합분포 #군집분포

혼합분포 군집분석에서 사용되는 알고리즘은?

① EM 알고리즘
② K-means
③ DBSCAN
④ Apriori

혼합분포 군집분석은 EM(Expectation-Maximization) 알고리즘을 사용한다.

#데이터 마이닝 기법 #지도학습

데이터 마이닝 기법 중 목표변수가 있는 지도학습으로 옳지 않은 것은?

① 의사결정나무
② 로지스틱 회귀
③ 군집분석
④ 인공신경망

군집분석은 목표변수가 없는 비지도학습이다.

MEMO

박문각 자격증 시리즈

ADsP 데이터분석 준전문가
기출원스톱 400제 + 무료특강

| 초판인쇄 | 2026. 2. 5 |
| 초판발행 | 2026. 2. 10 |

저자와의
협의 하에
인지 생략

편 저 자	육근수
발 행 인	박용
출판총괄	김현실
개발책임	이성준
편집개발	김태희, 이보혜, 허수빈
마 케 팅	김치환, 최지희
일러스트	㈜ 유미지

발 행 처	㈜ 박문각출판
출판등록	등록번호 제2019-000137호
주 소	06654 서울시 서초구 효령로 283 서경B/D 6층
전 화	(02) 6466-7202
팩 스	(02) 584-2927
홈페이지	www.pmgbooks.co.kr

| ISBN | 979-11-7519-447-2 |
| 정가 | 15,000원 |